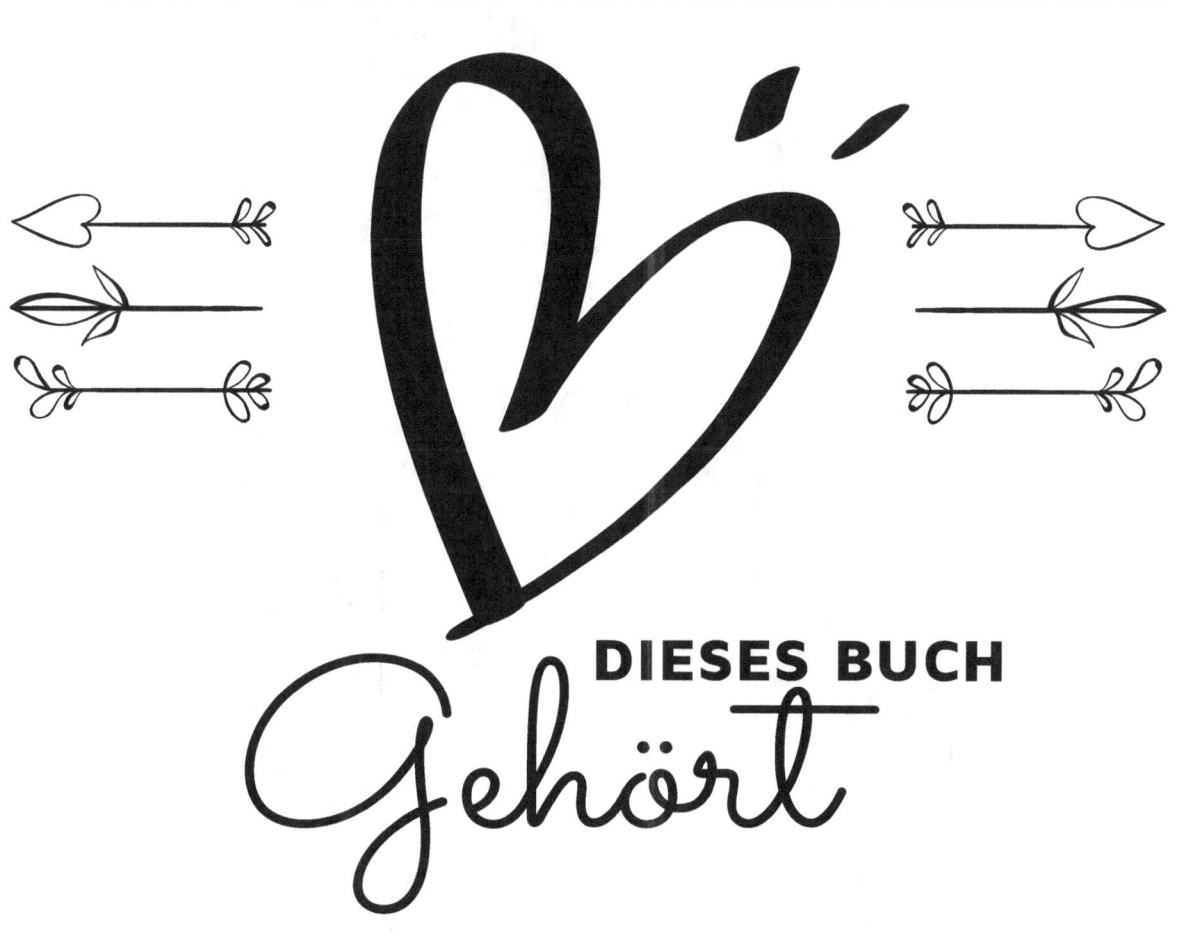

DIESES BUCH

Gehört

---   ---

LKW MALBUCH

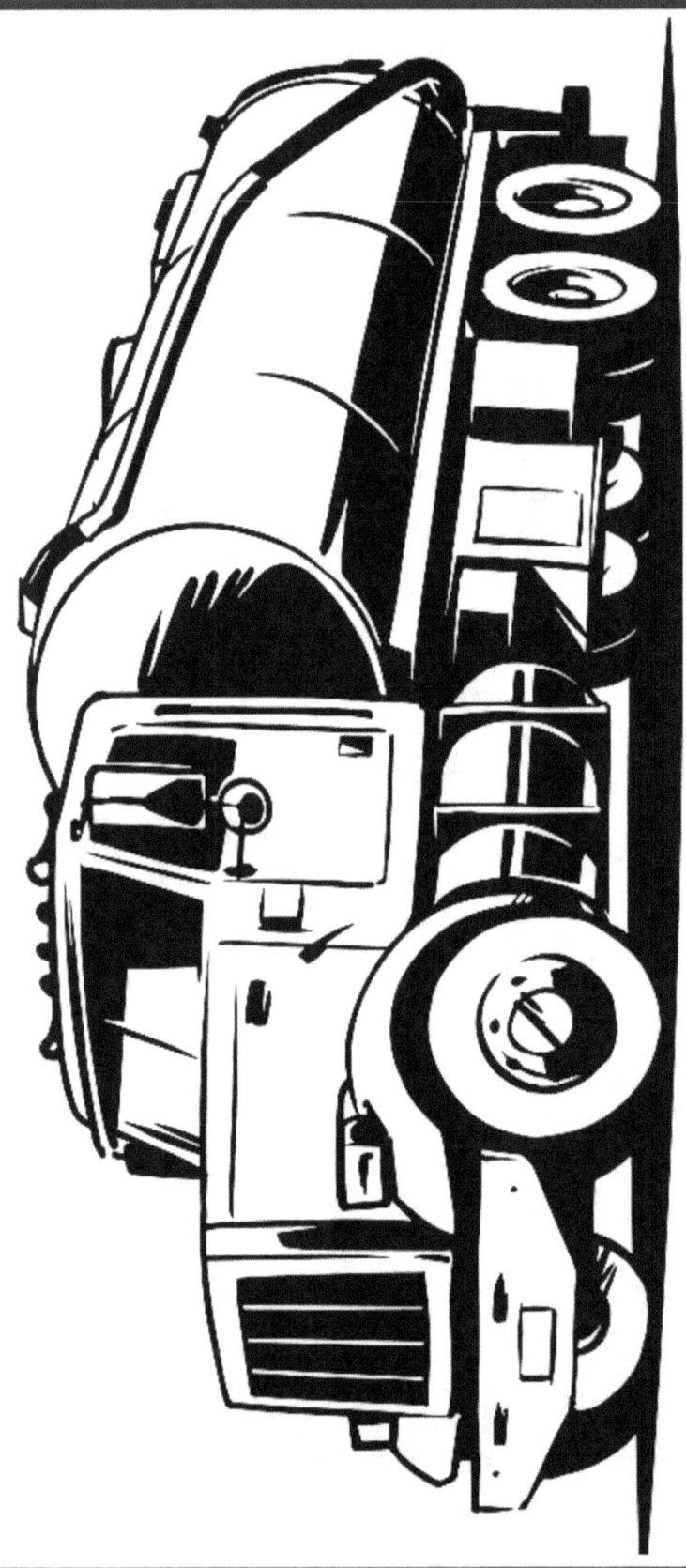

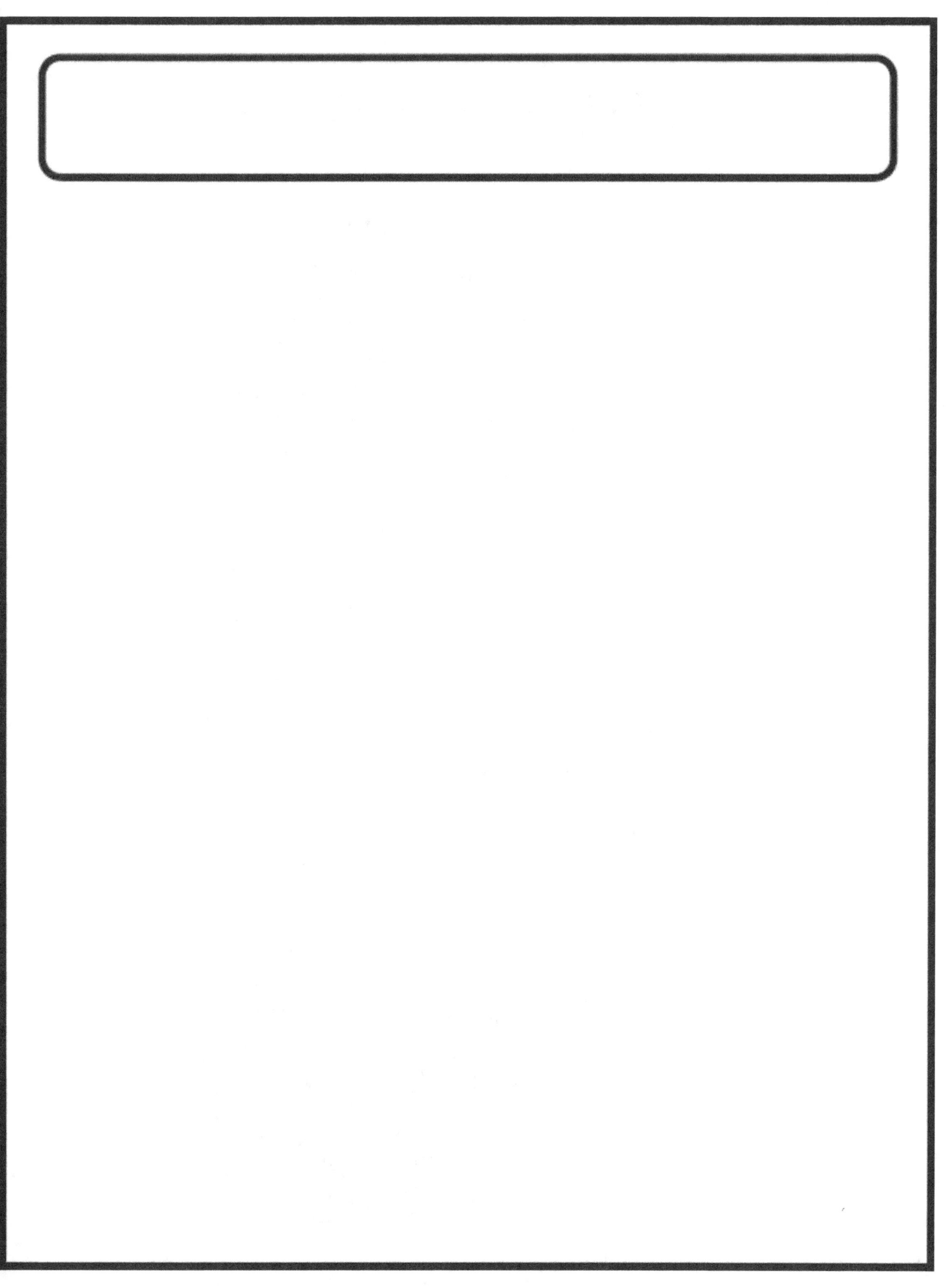

LKW MALBUCH

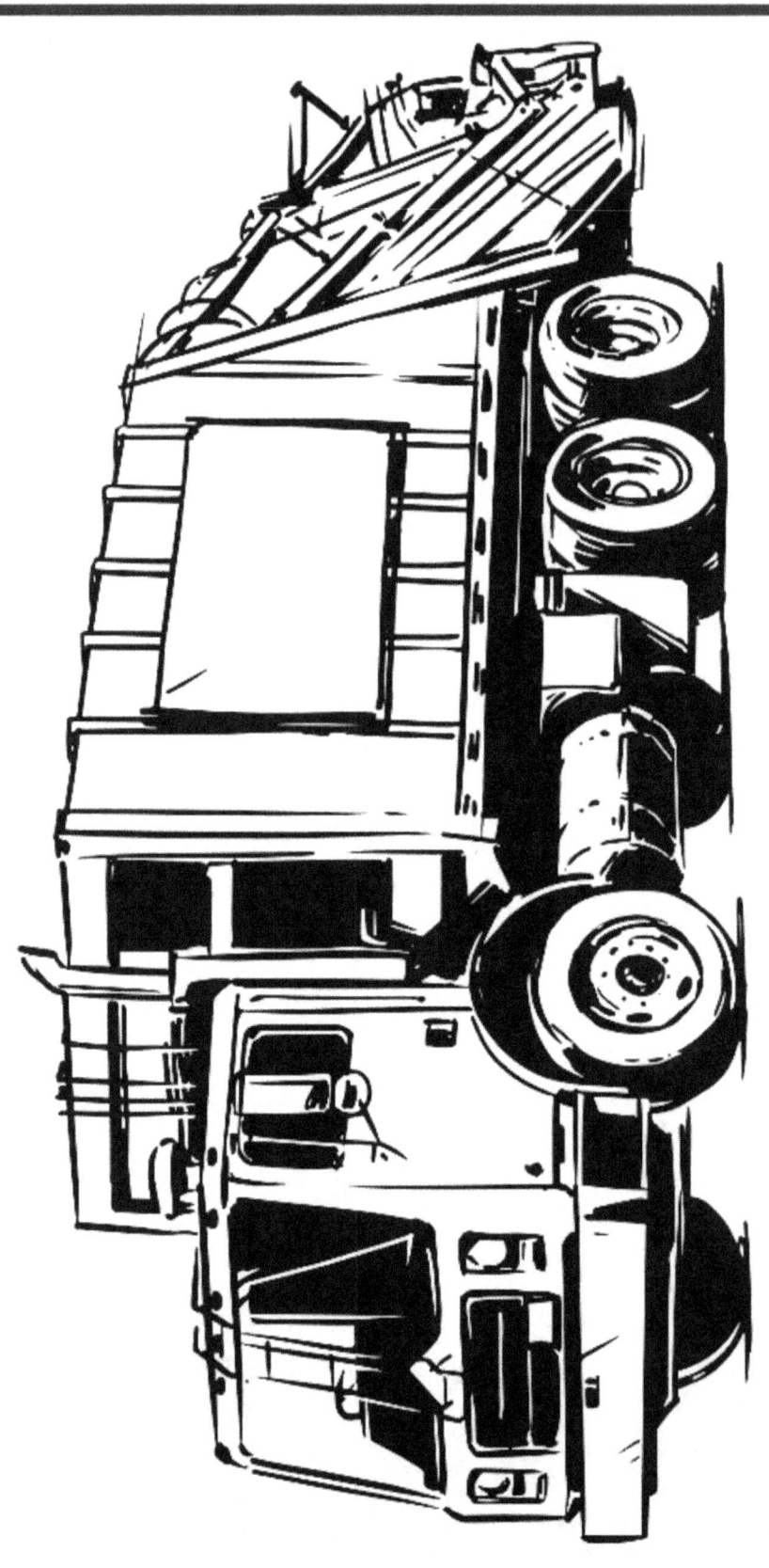

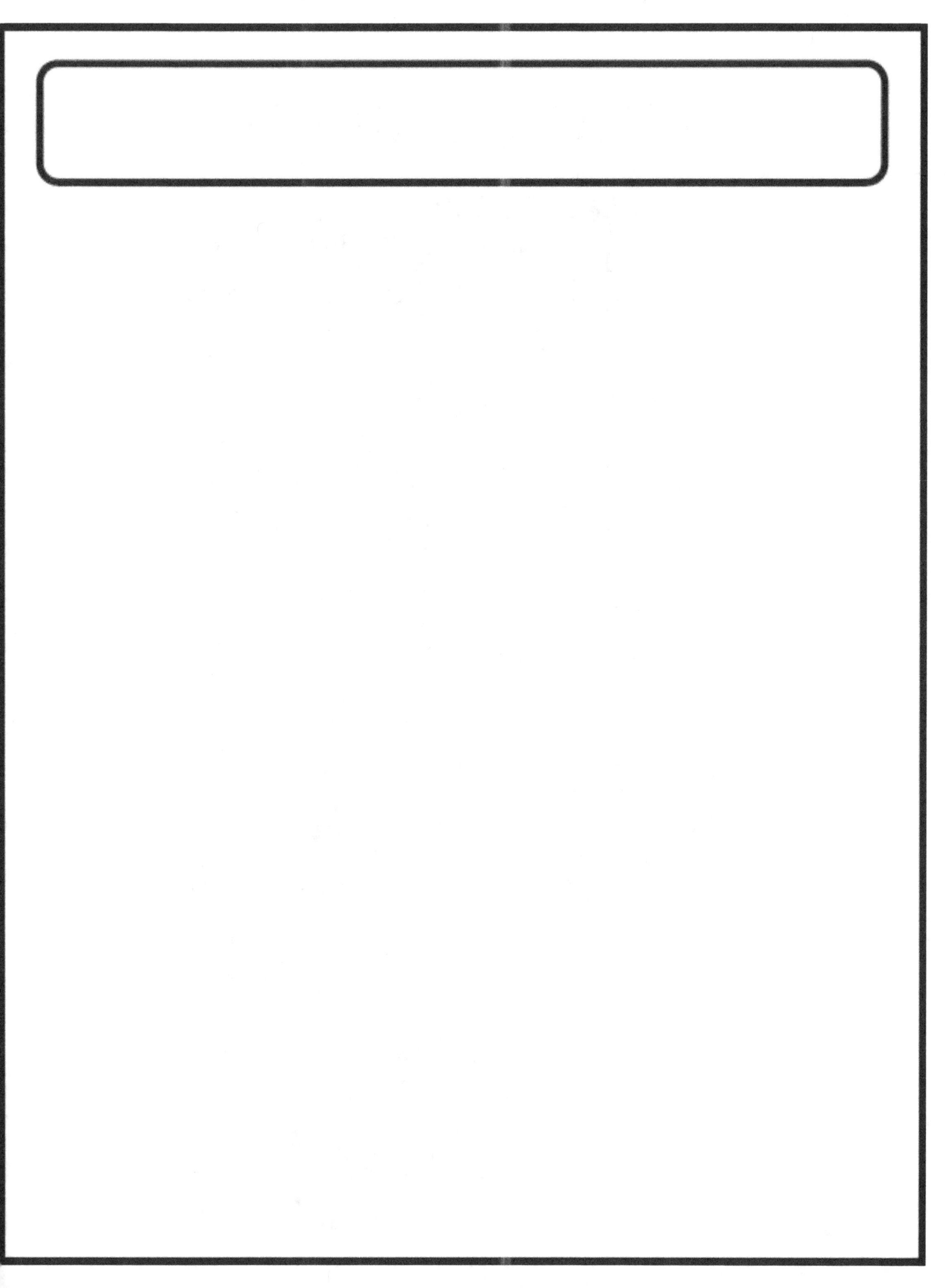

LKW MALBUCH

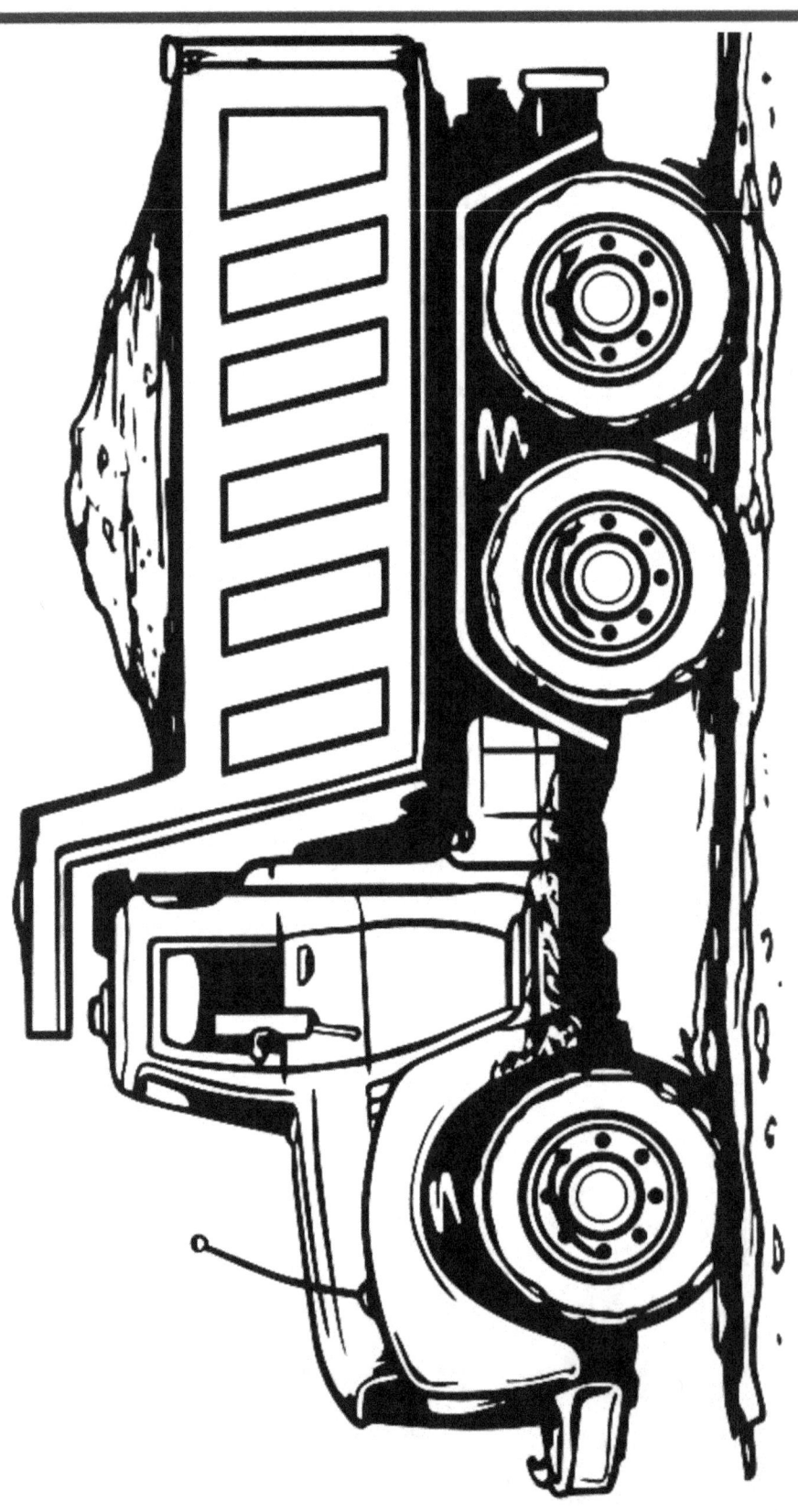

LKW MALBUCH

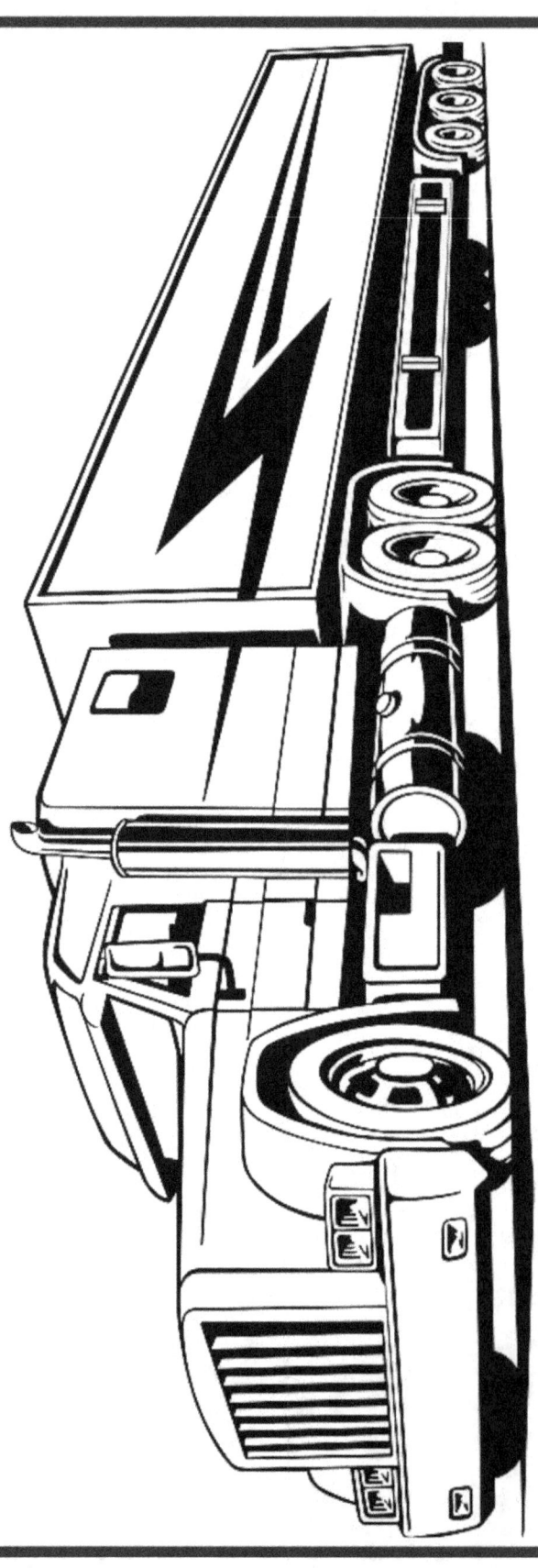

LKW MALBUCH

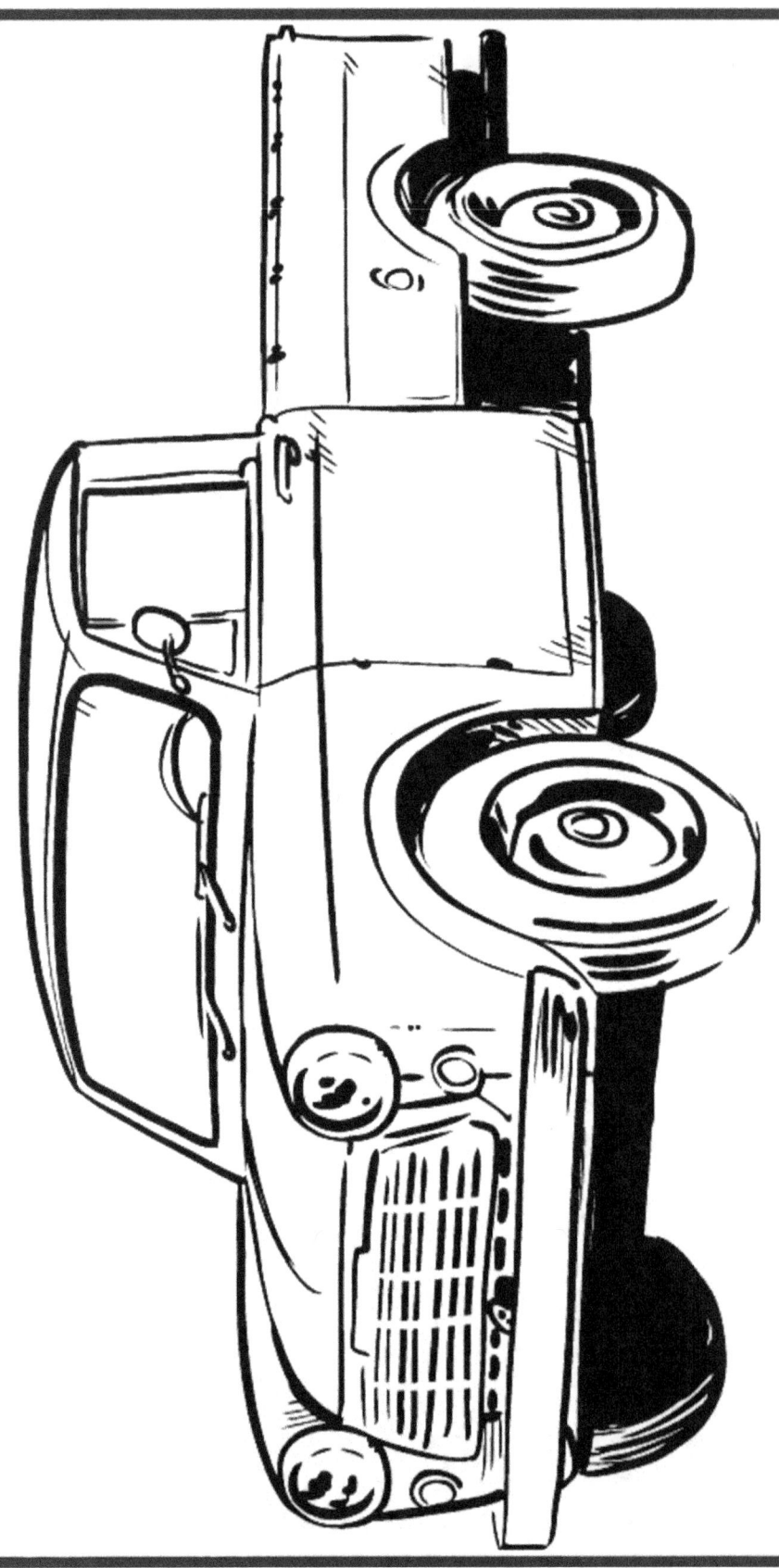

LKW MALBUCH

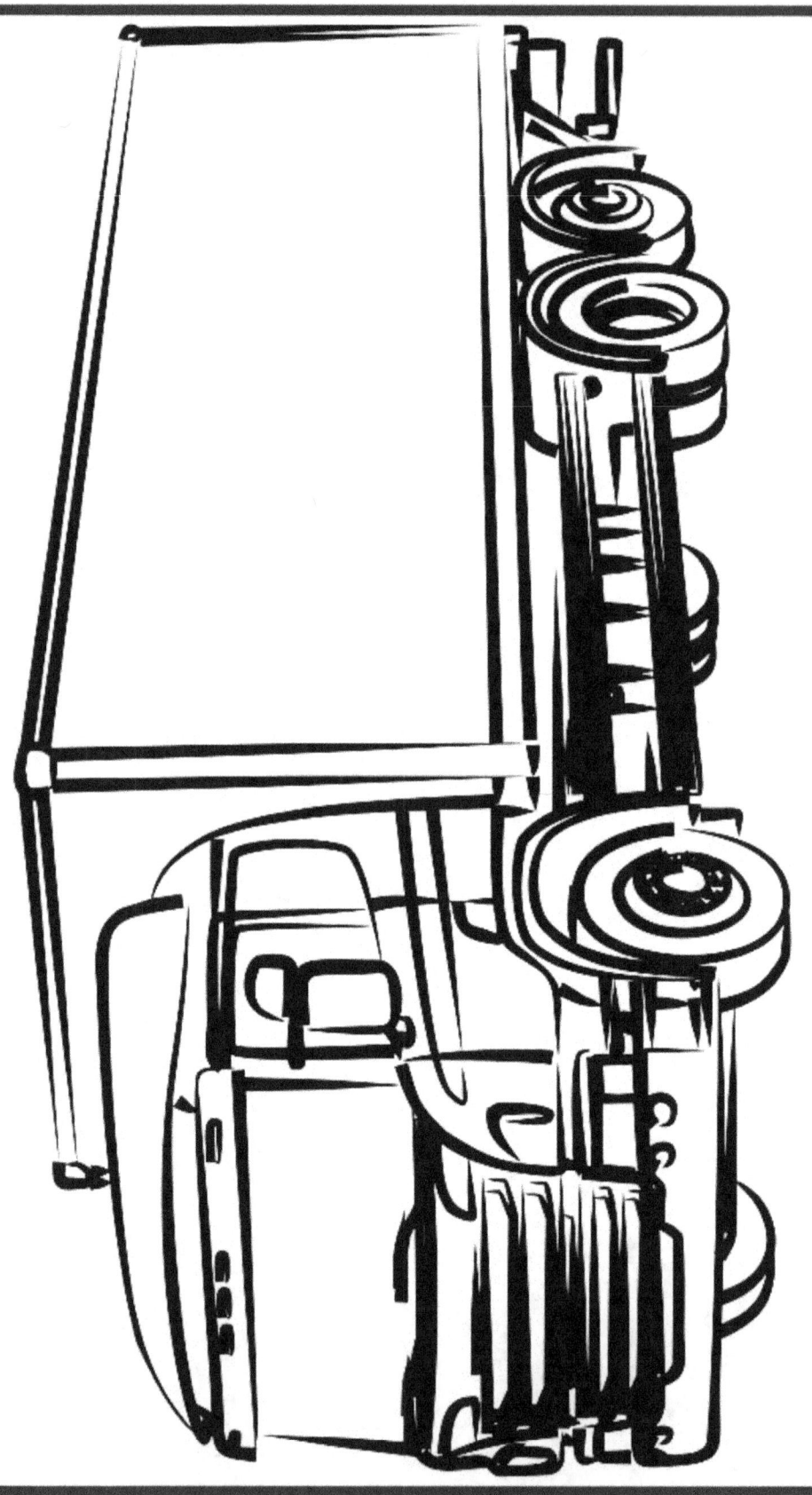

LKW MALBUCH

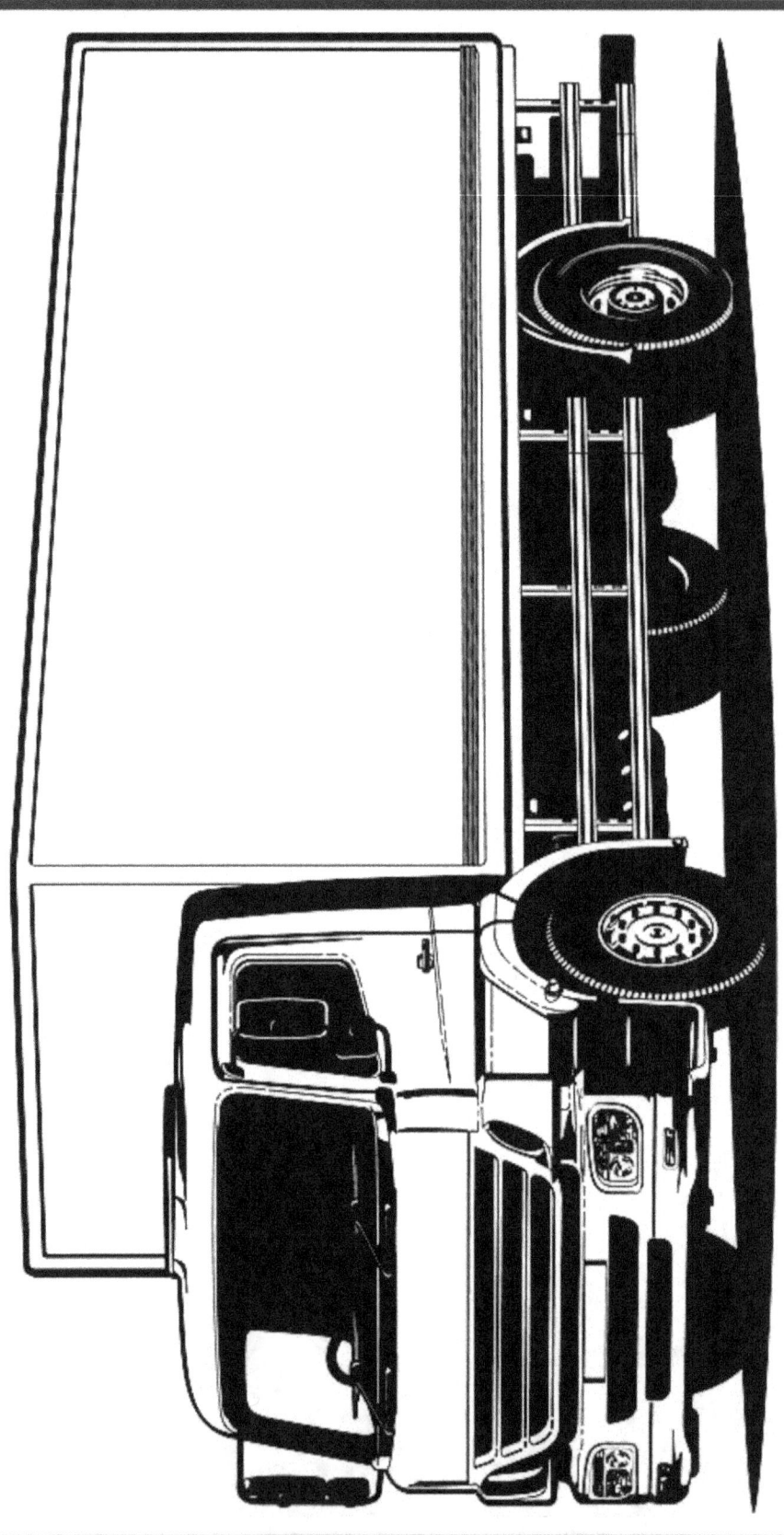

LKW MALBUCH

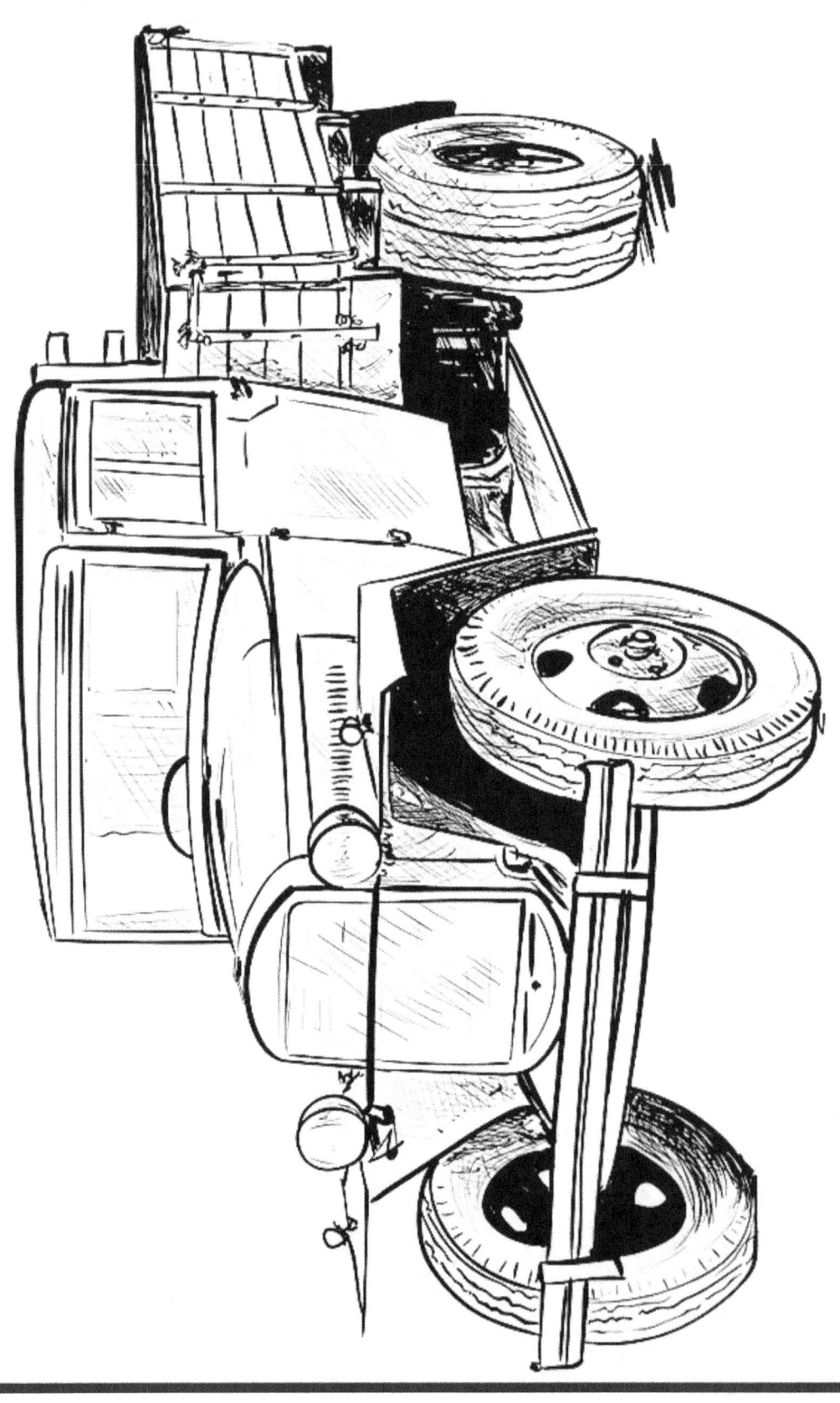

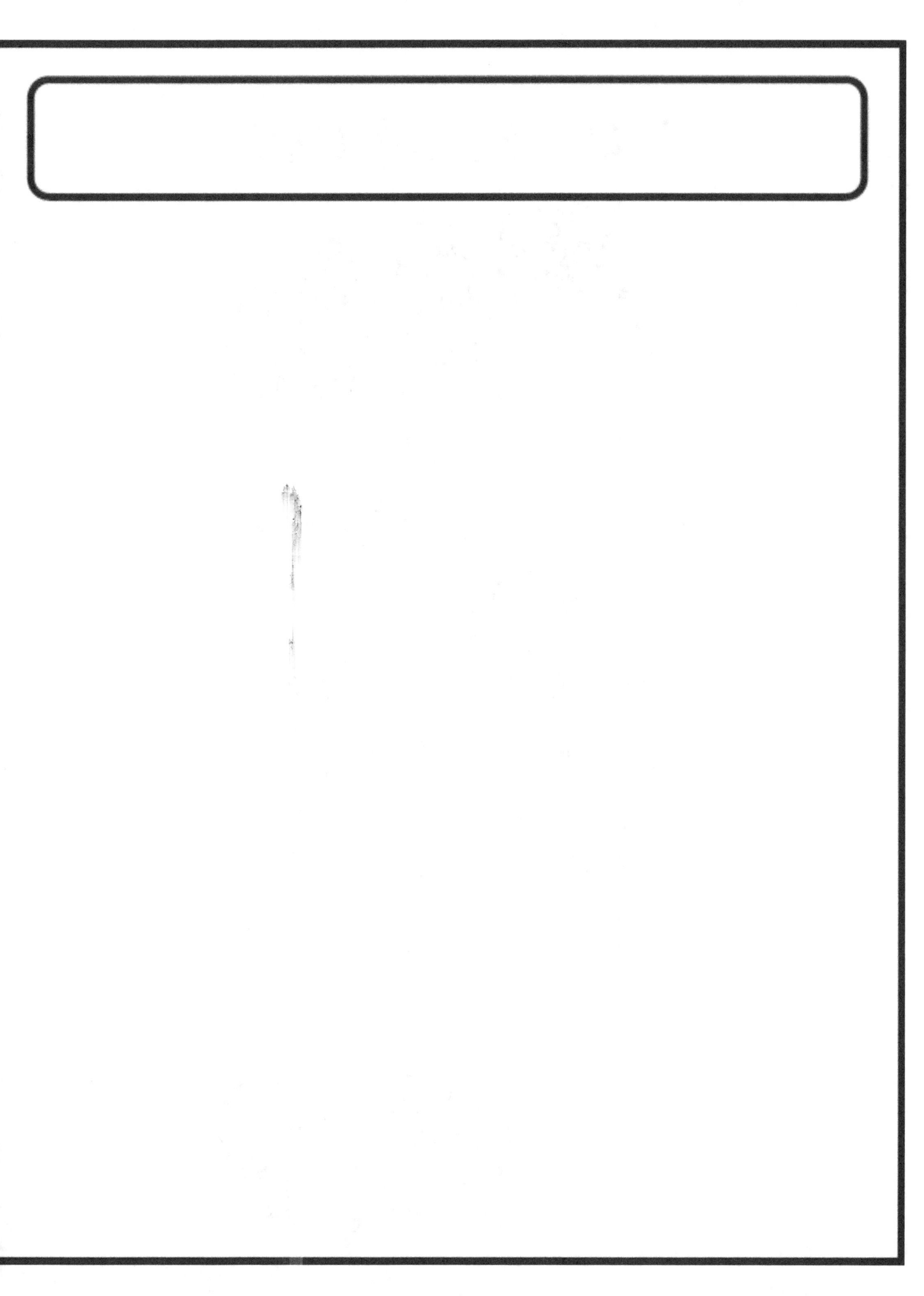

LKW MALBUCH

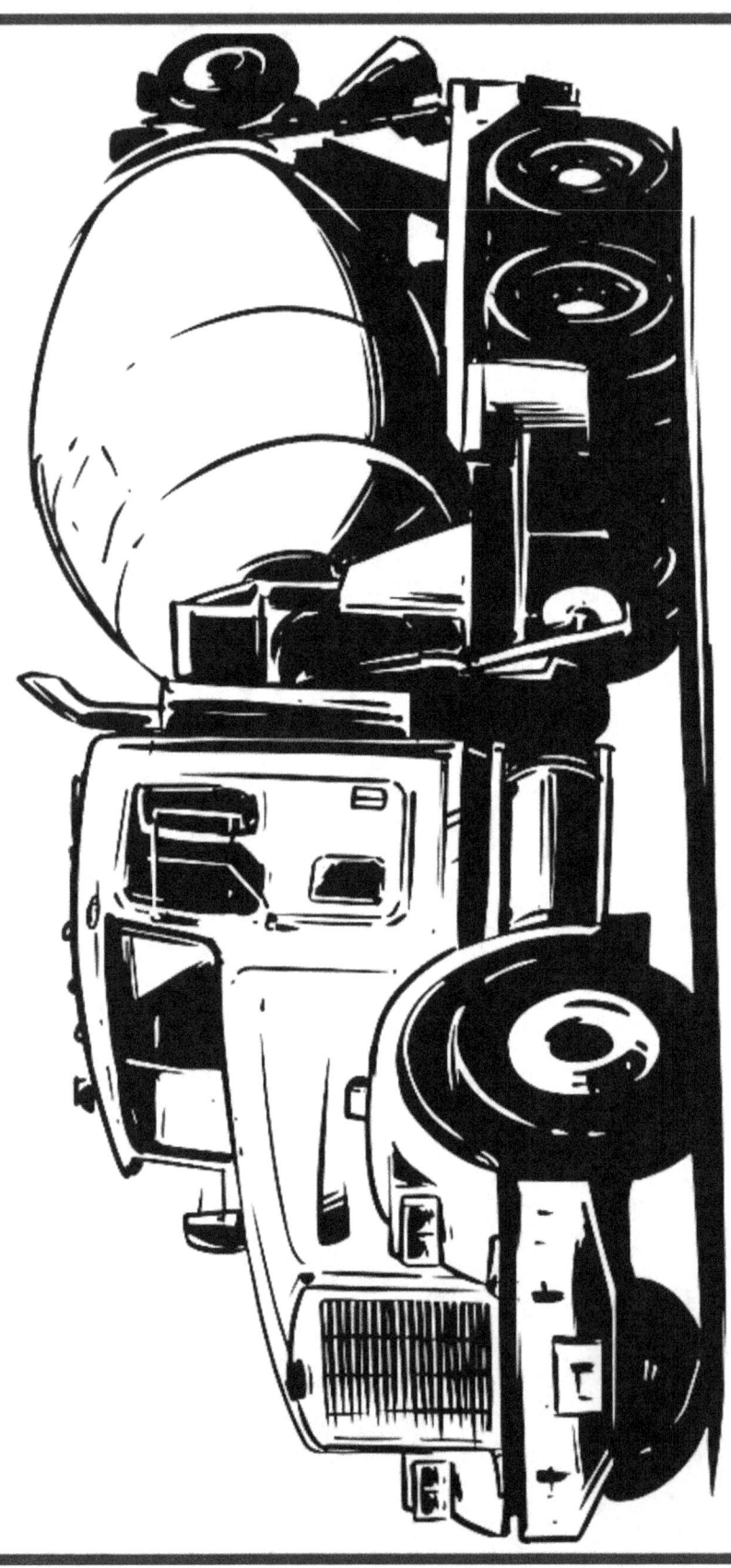

LKW MALBUCH

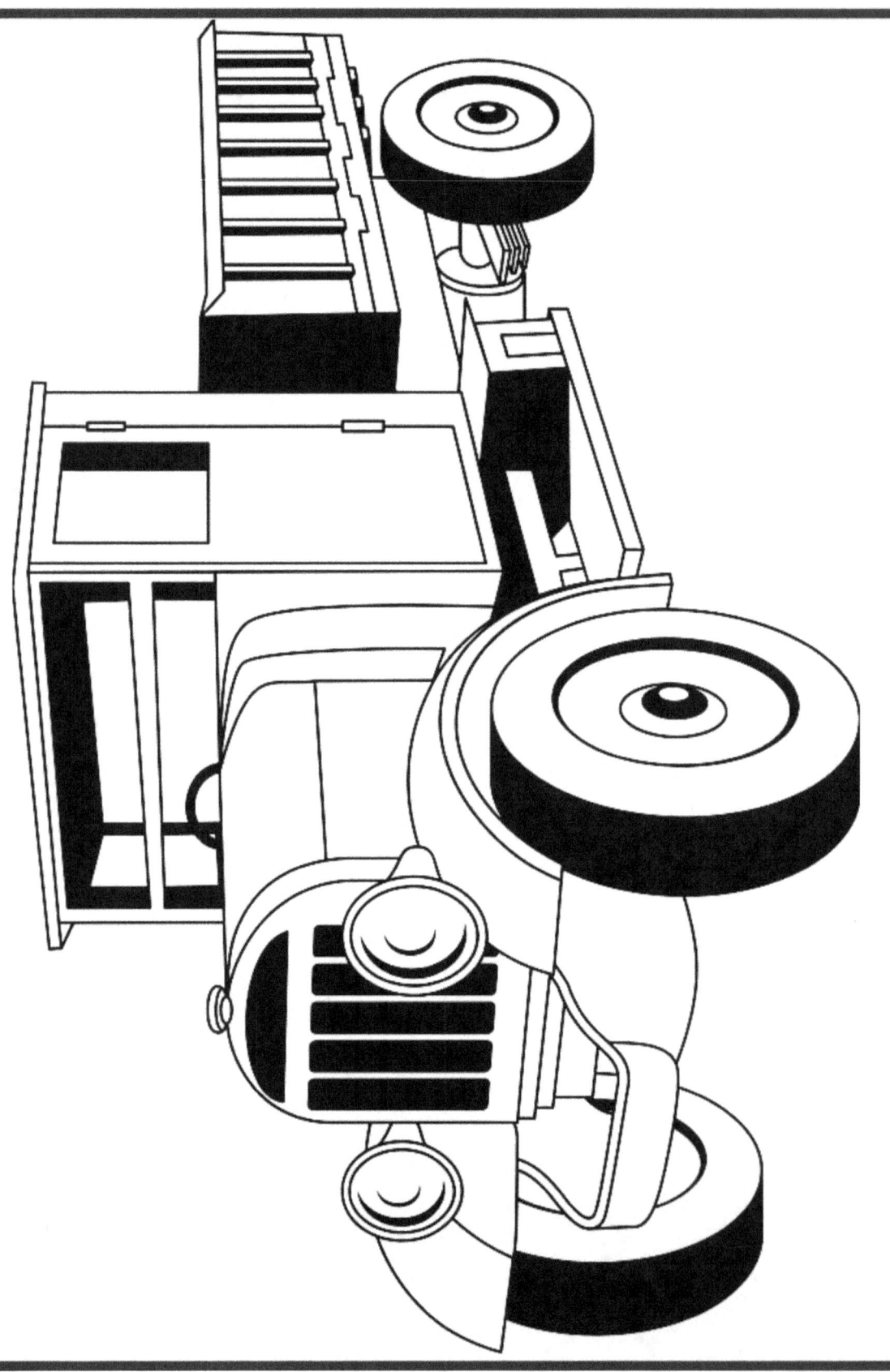

LKW MALBUCH

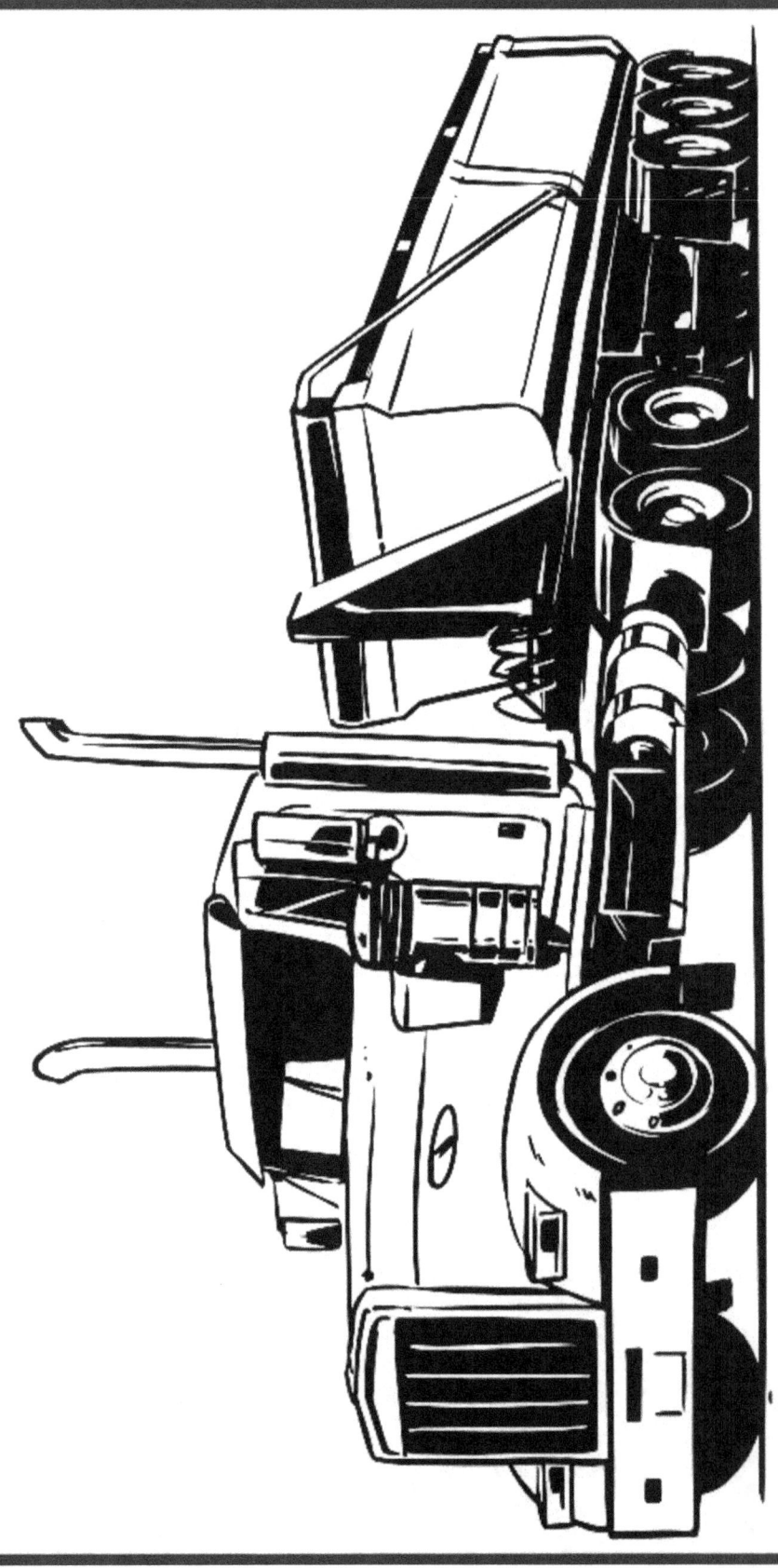

LKW MALBUCH

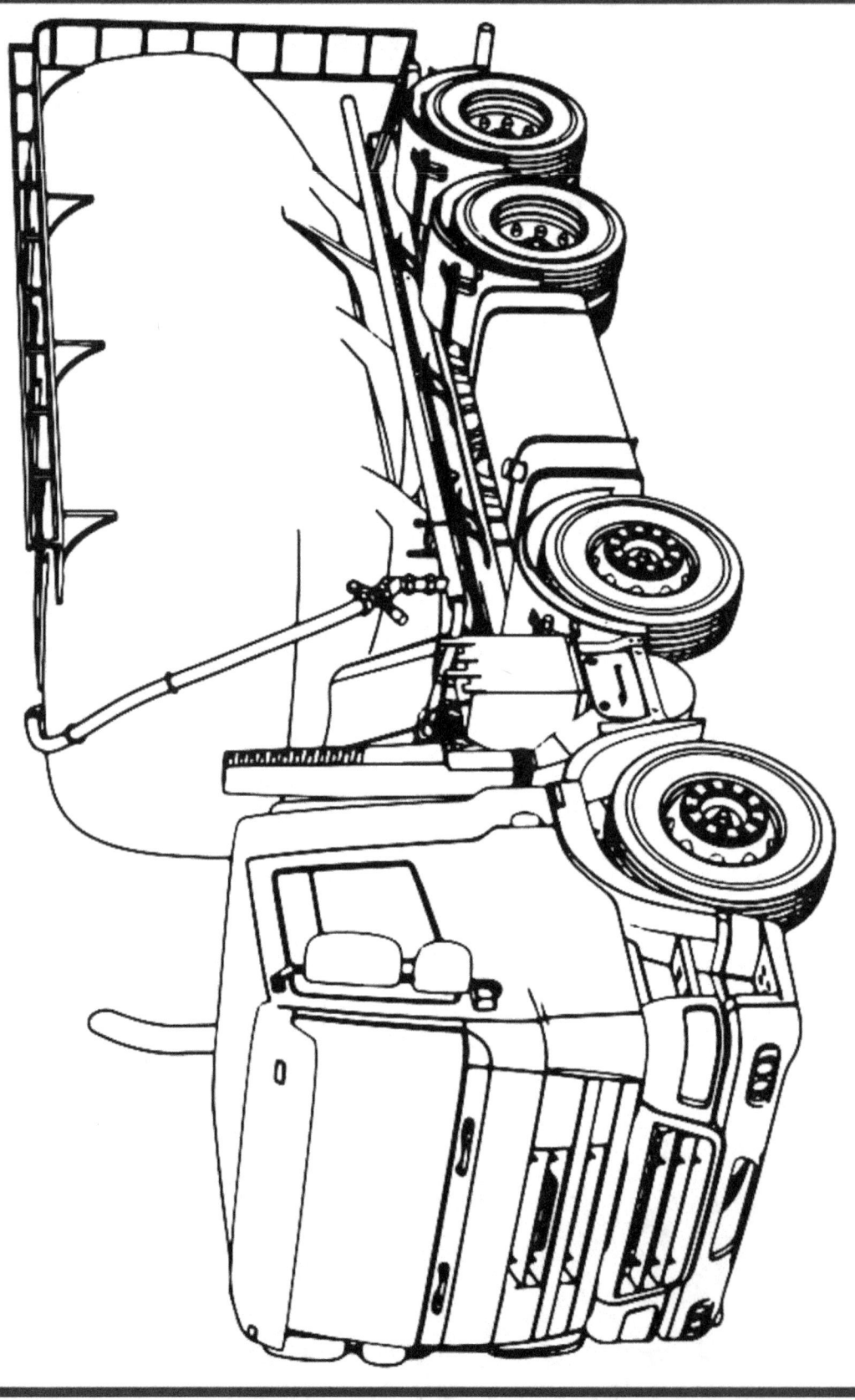

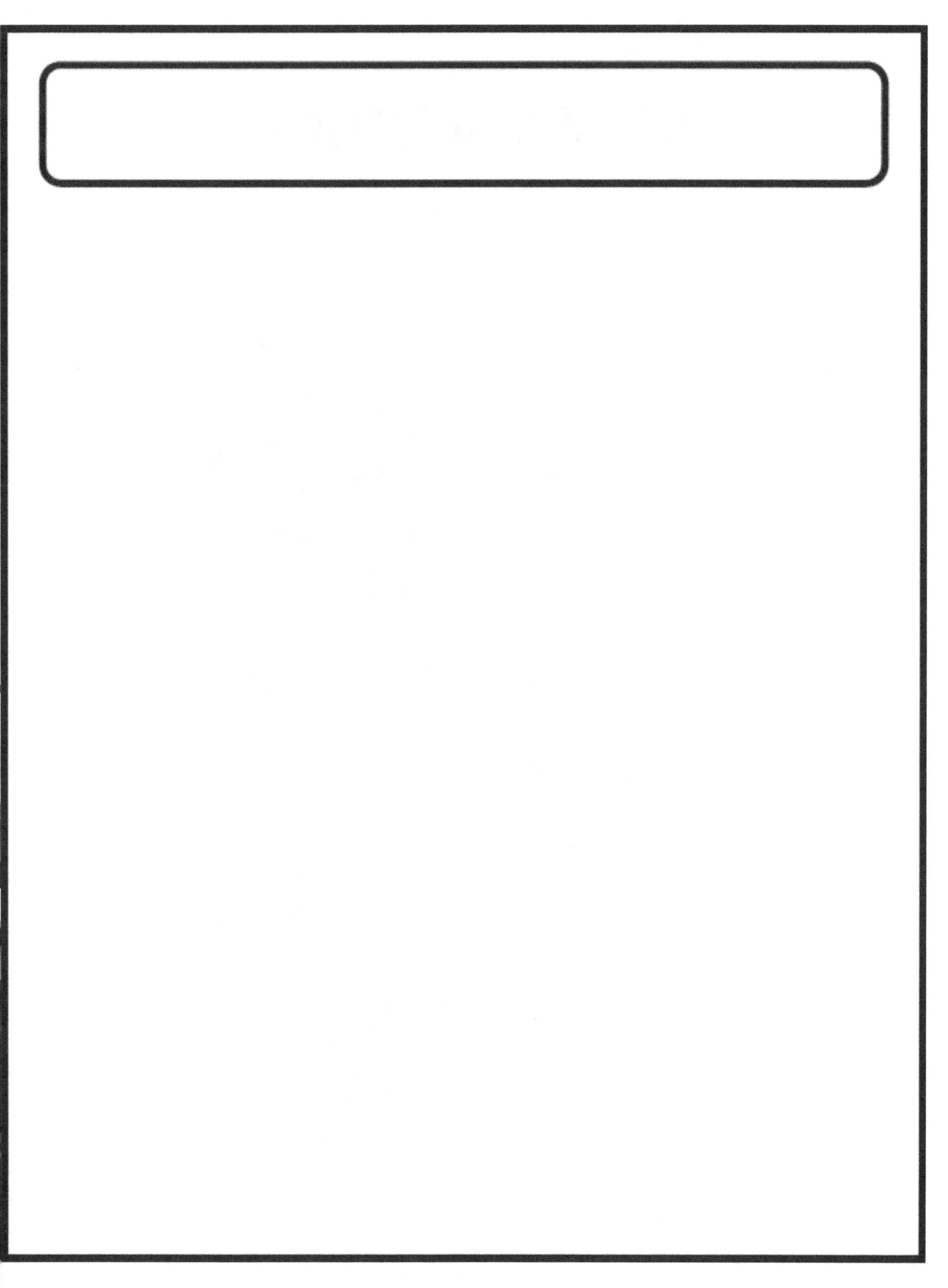

LKW MALBUCH

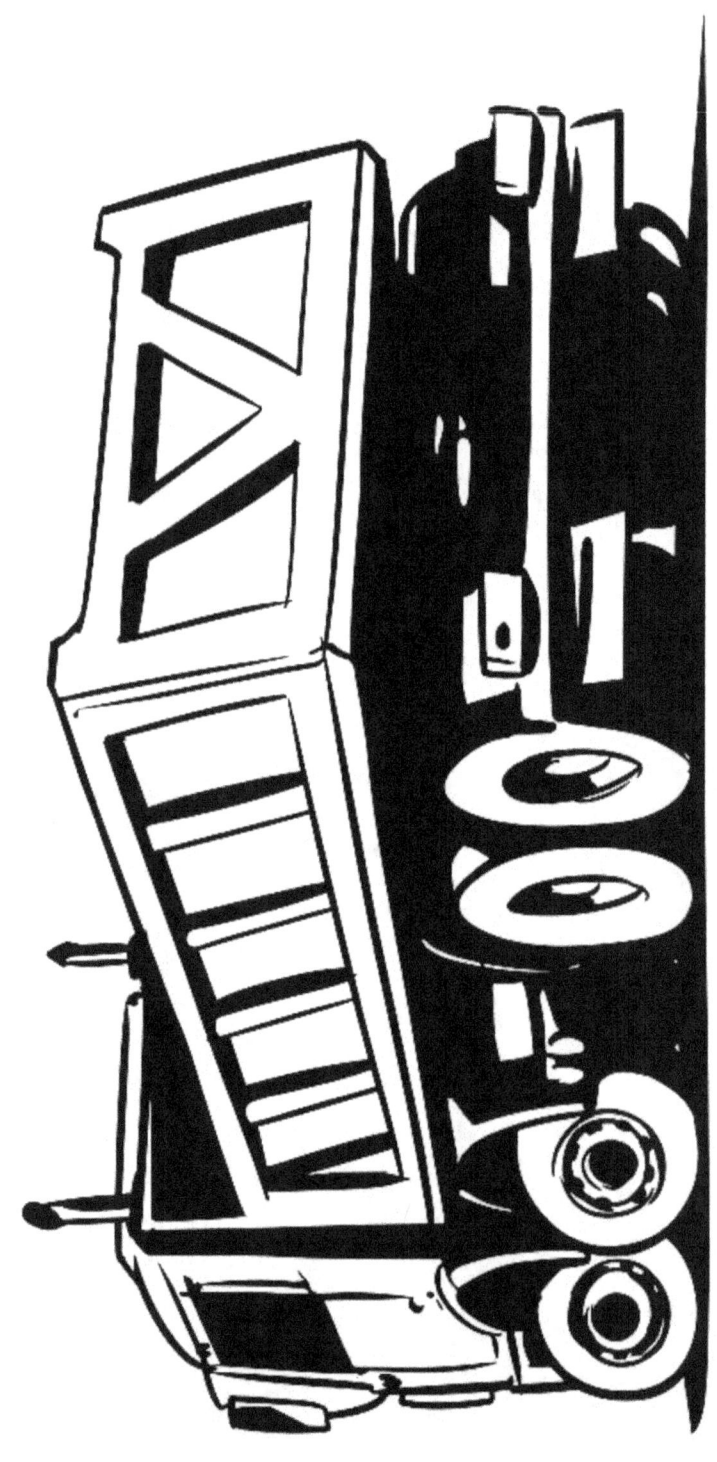

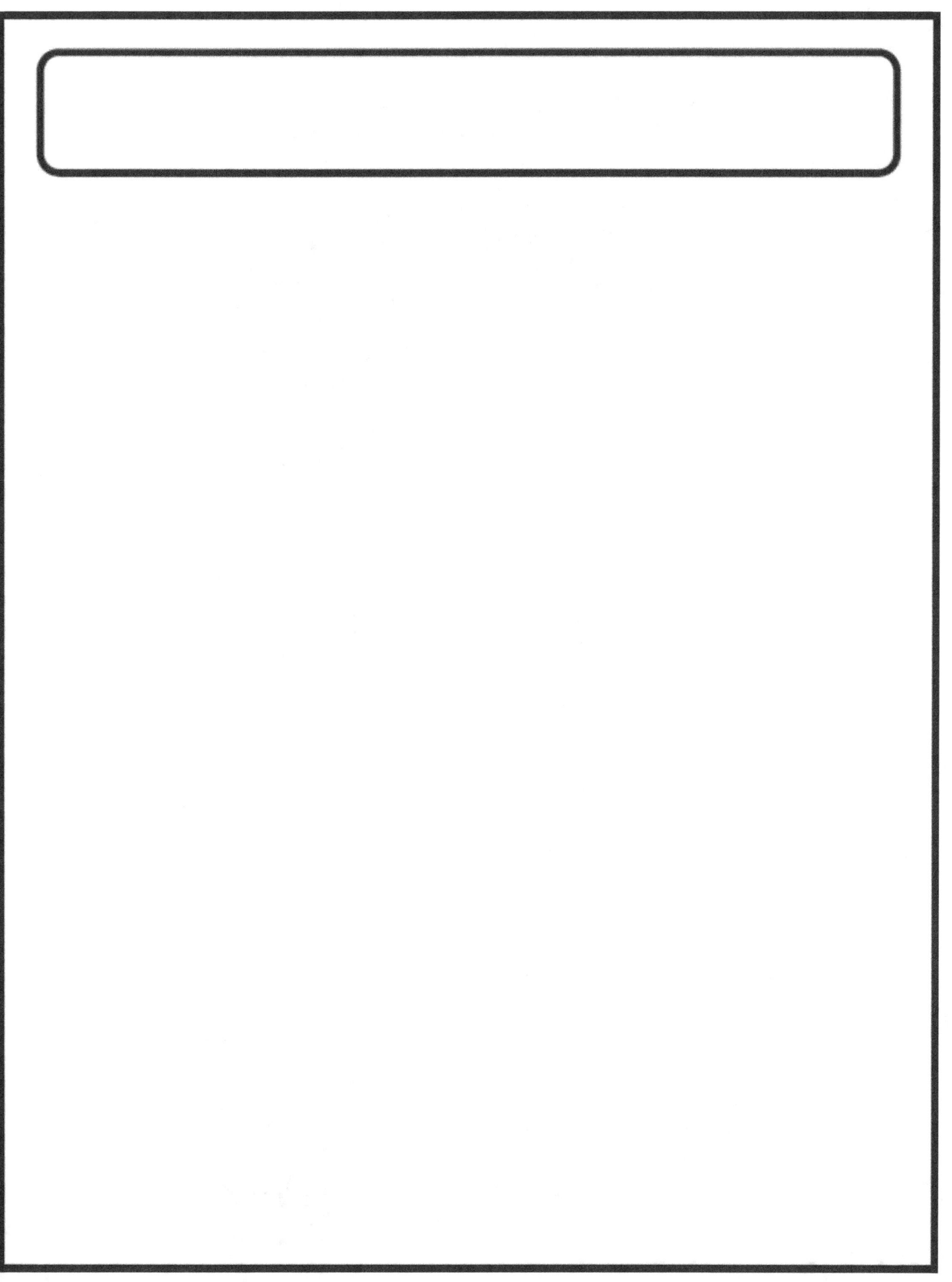

LKW MALBUCH

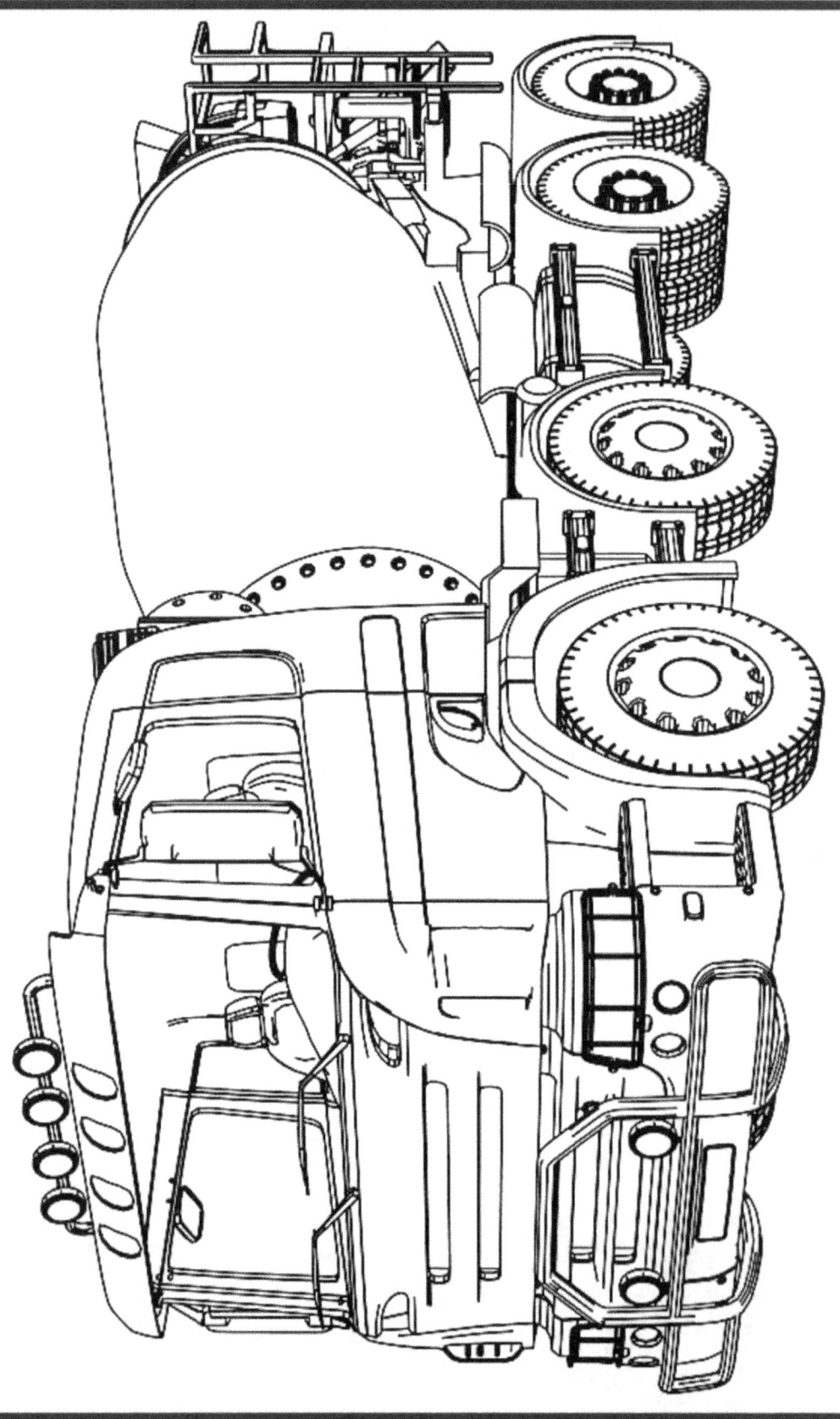

LKW MALBUCH

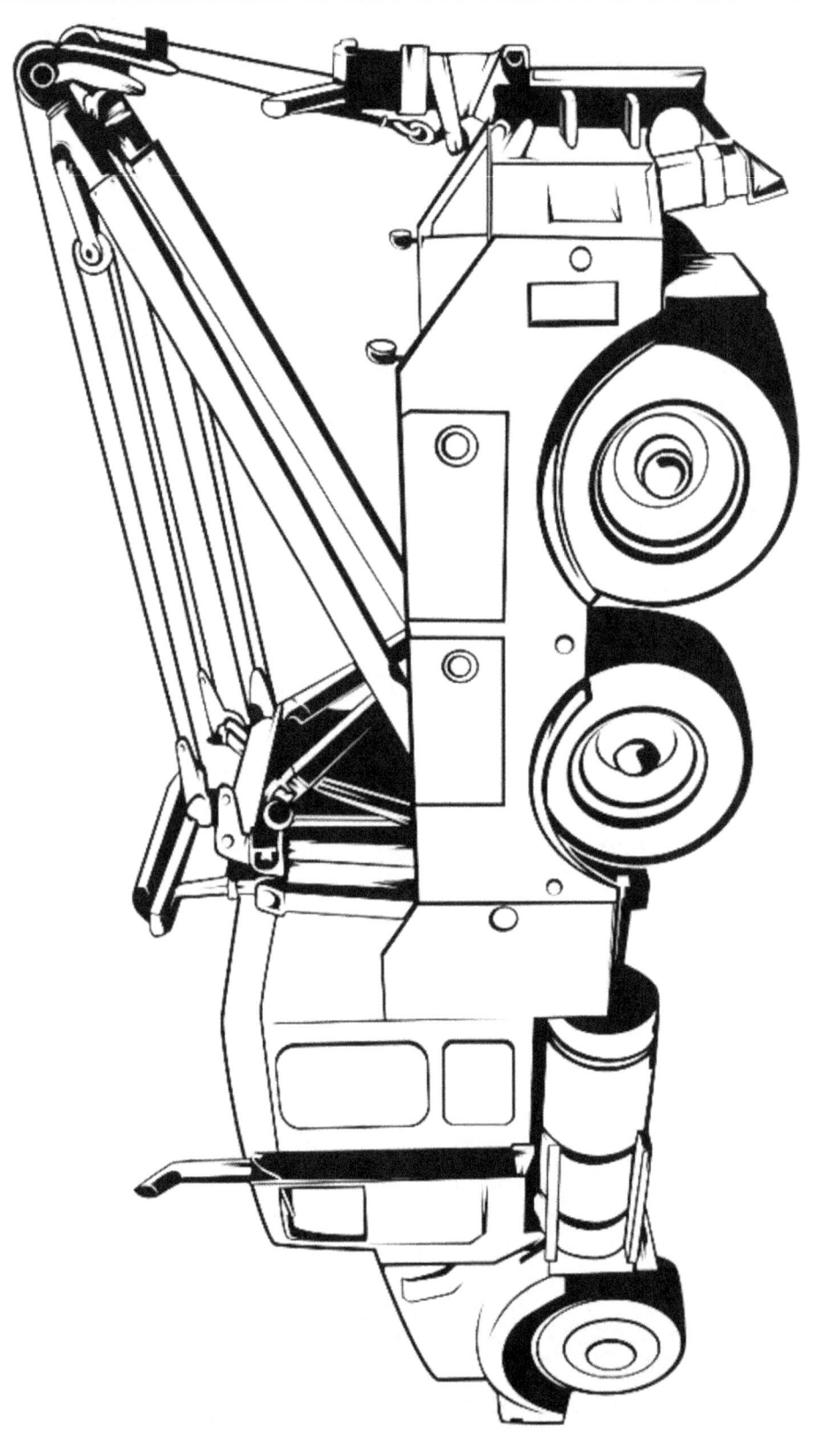

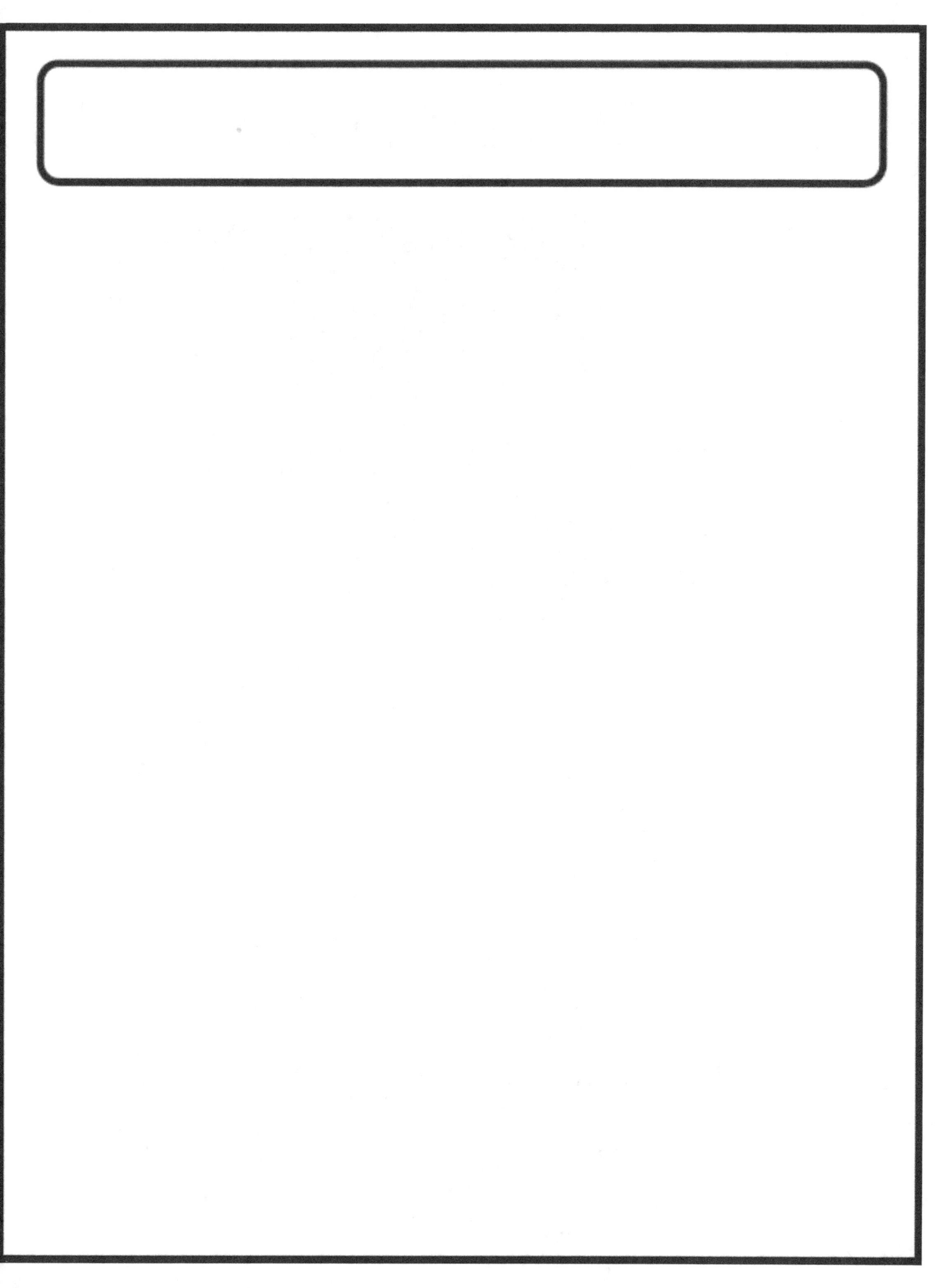

LKW MALBUCH

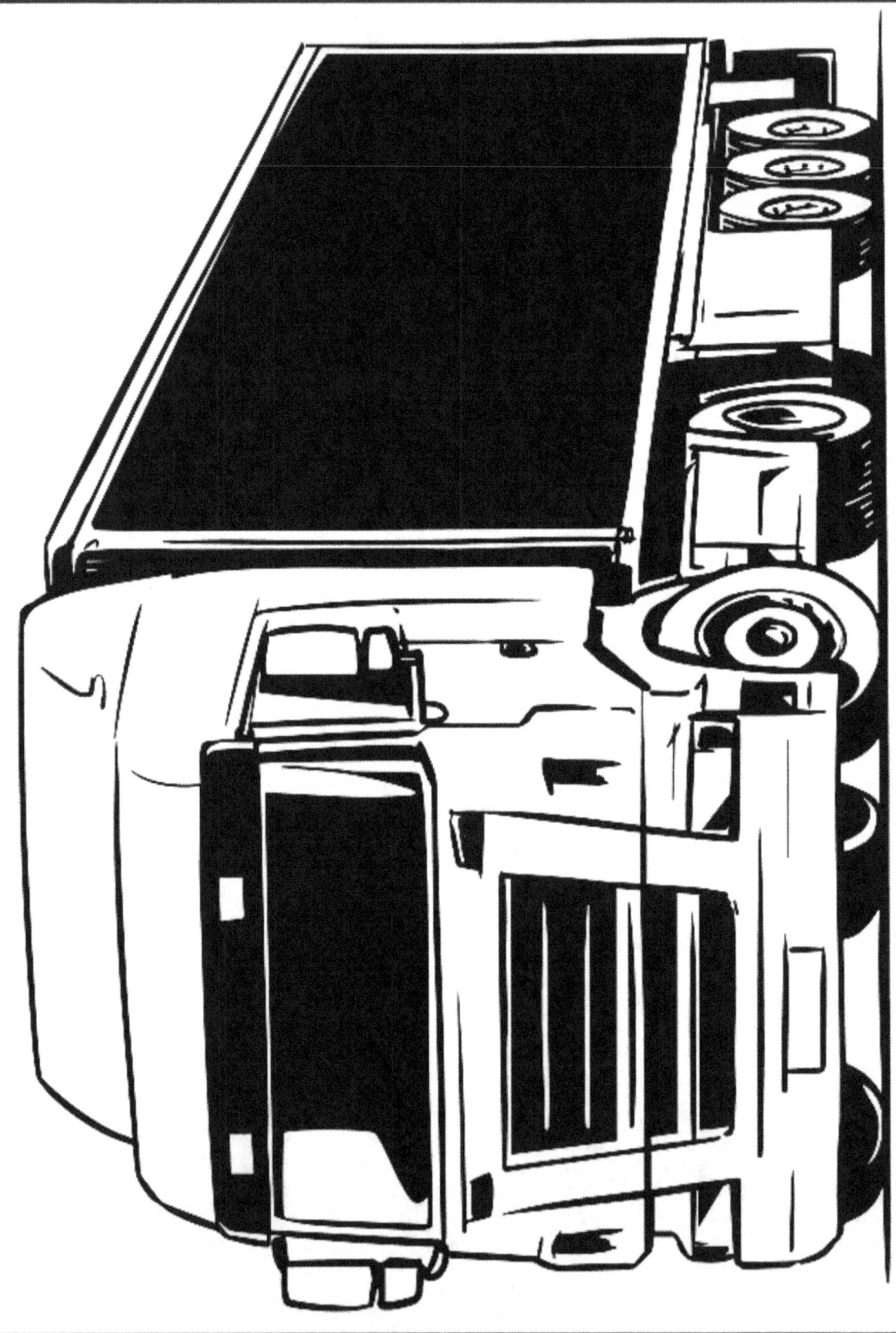

LKW MALBUCH

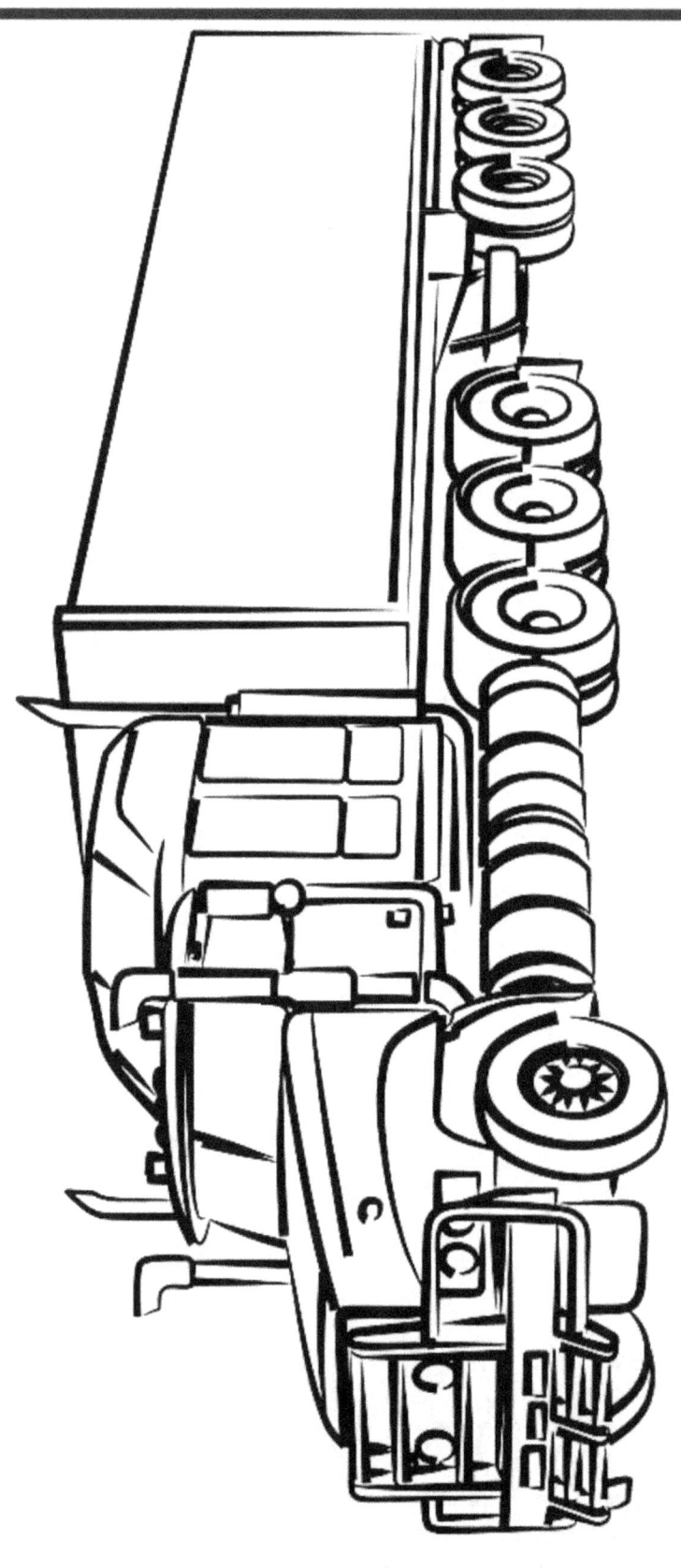

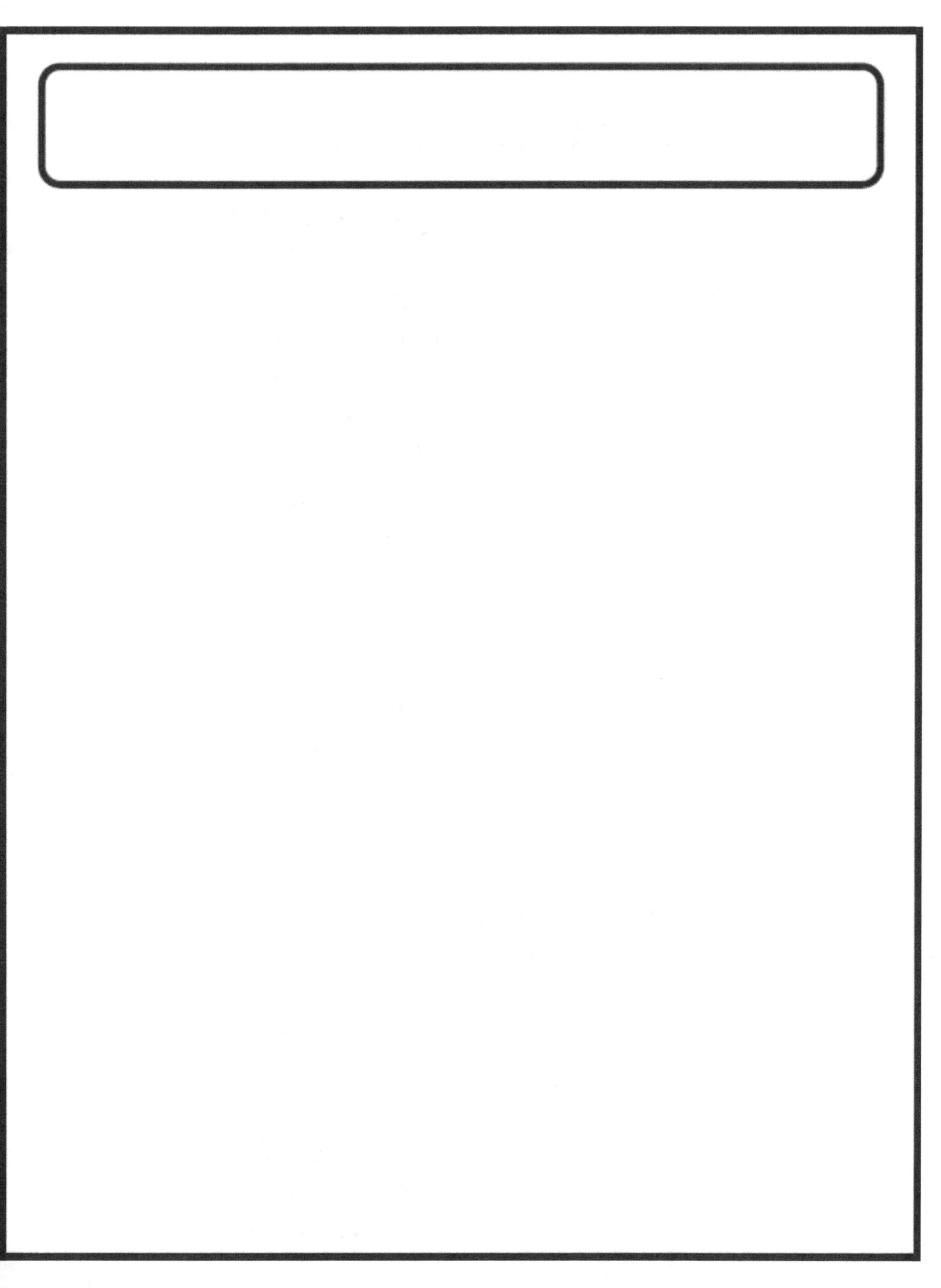

LKW MALBUCH

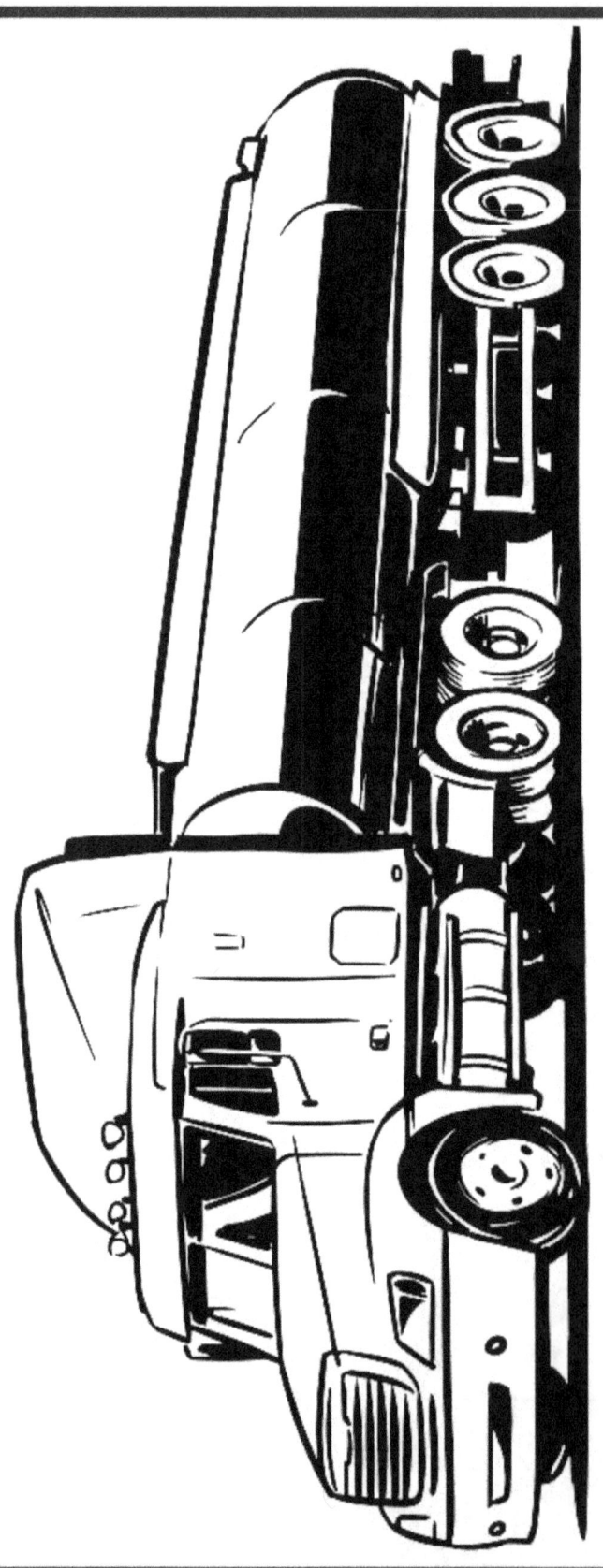

LKW MALBUCH

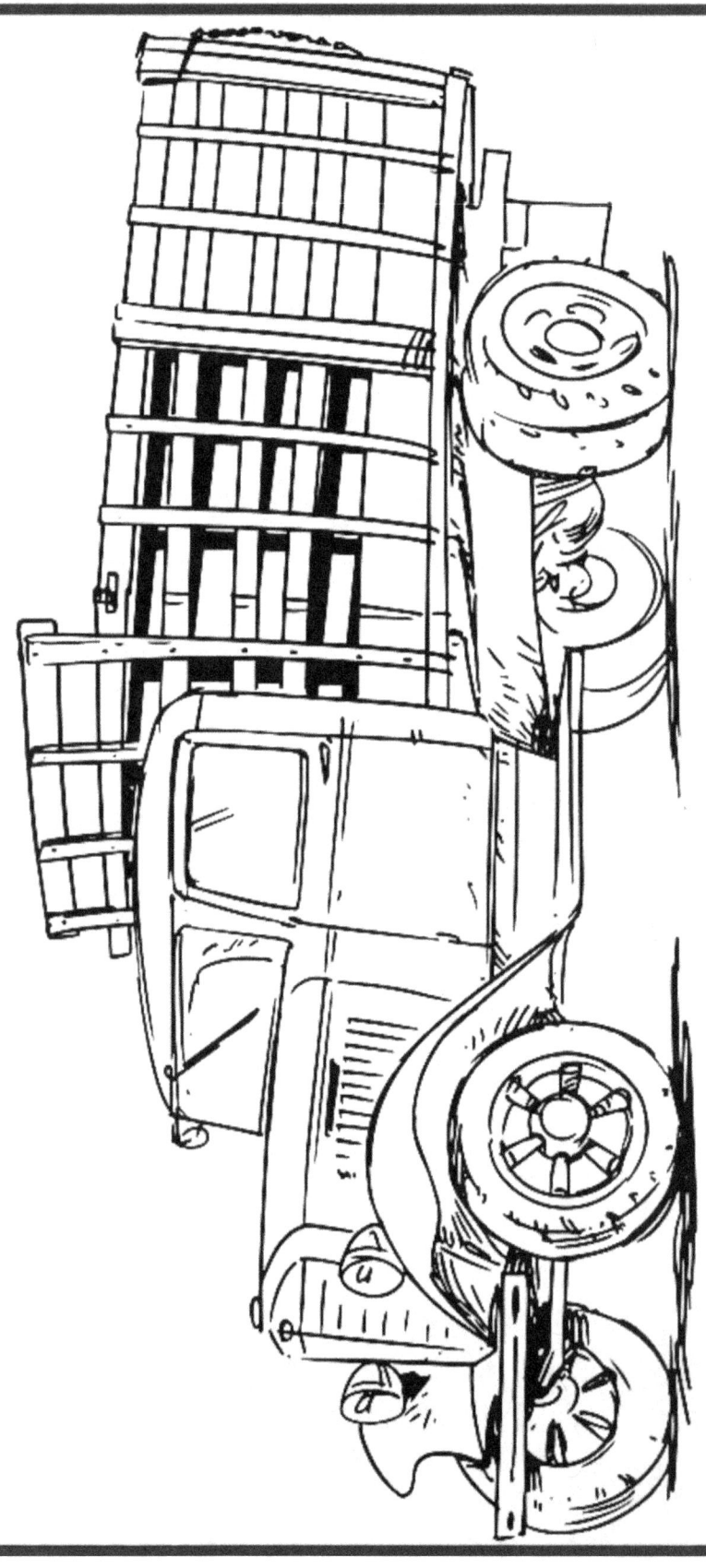

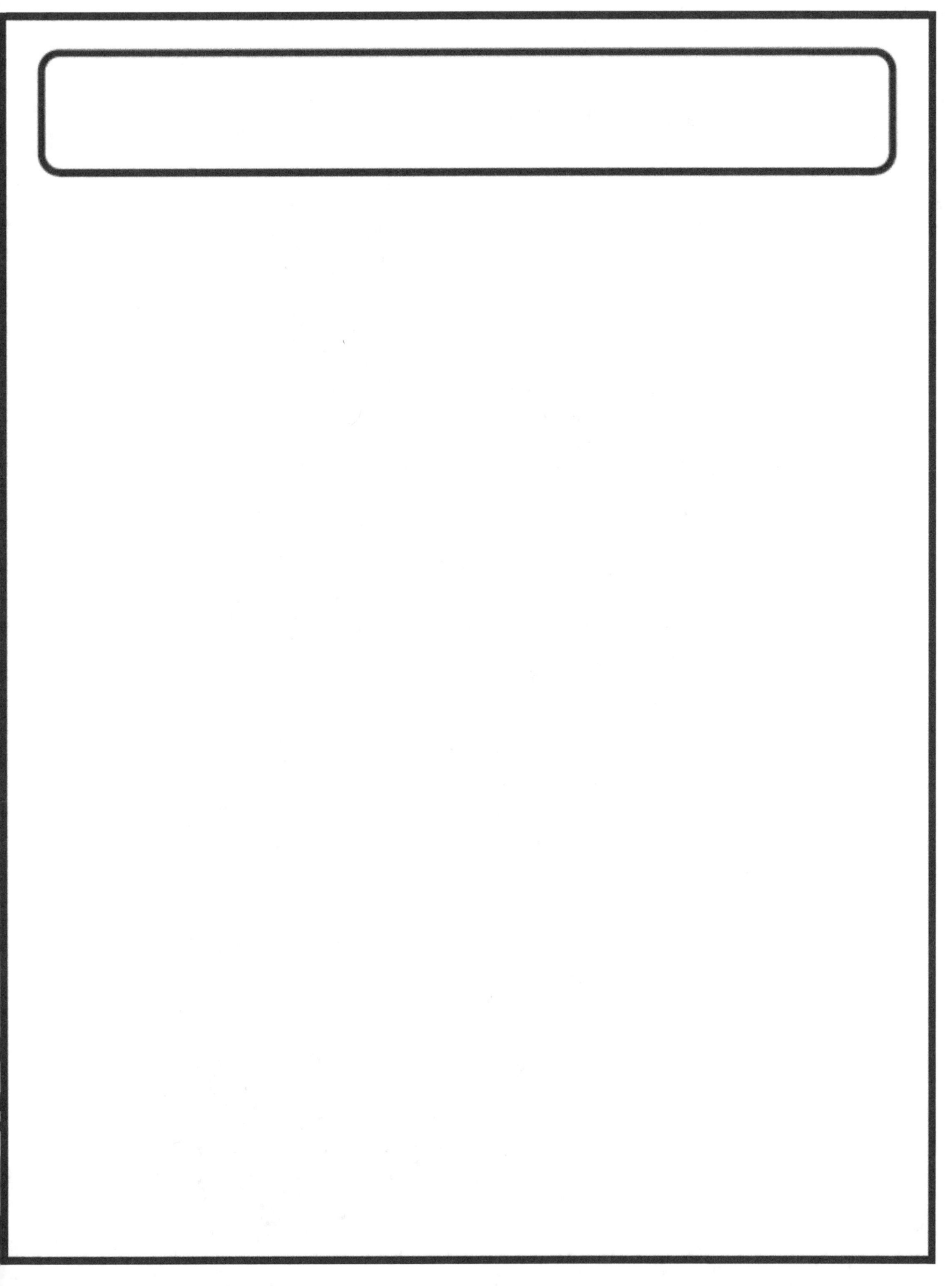

LKW MALBUCH

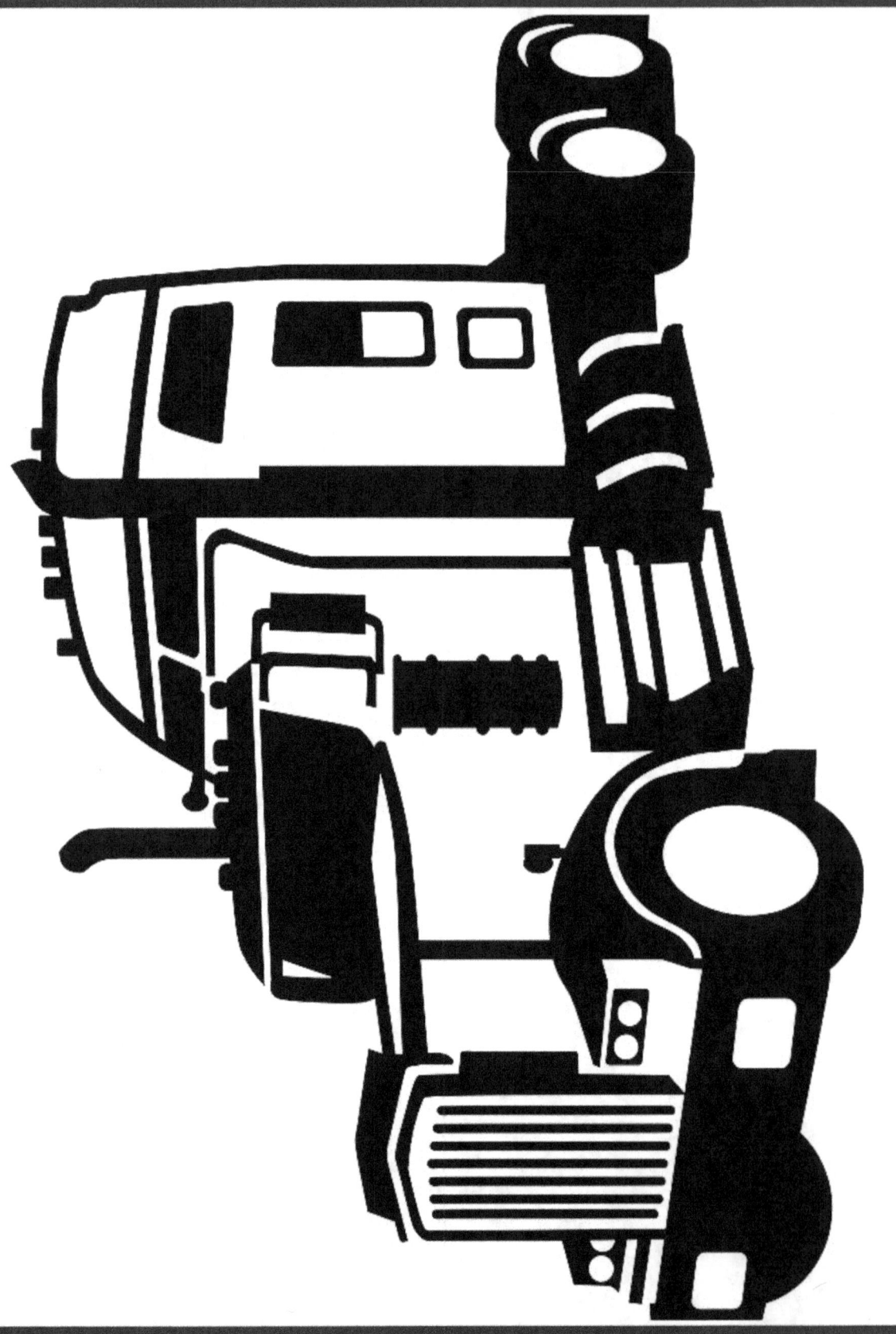

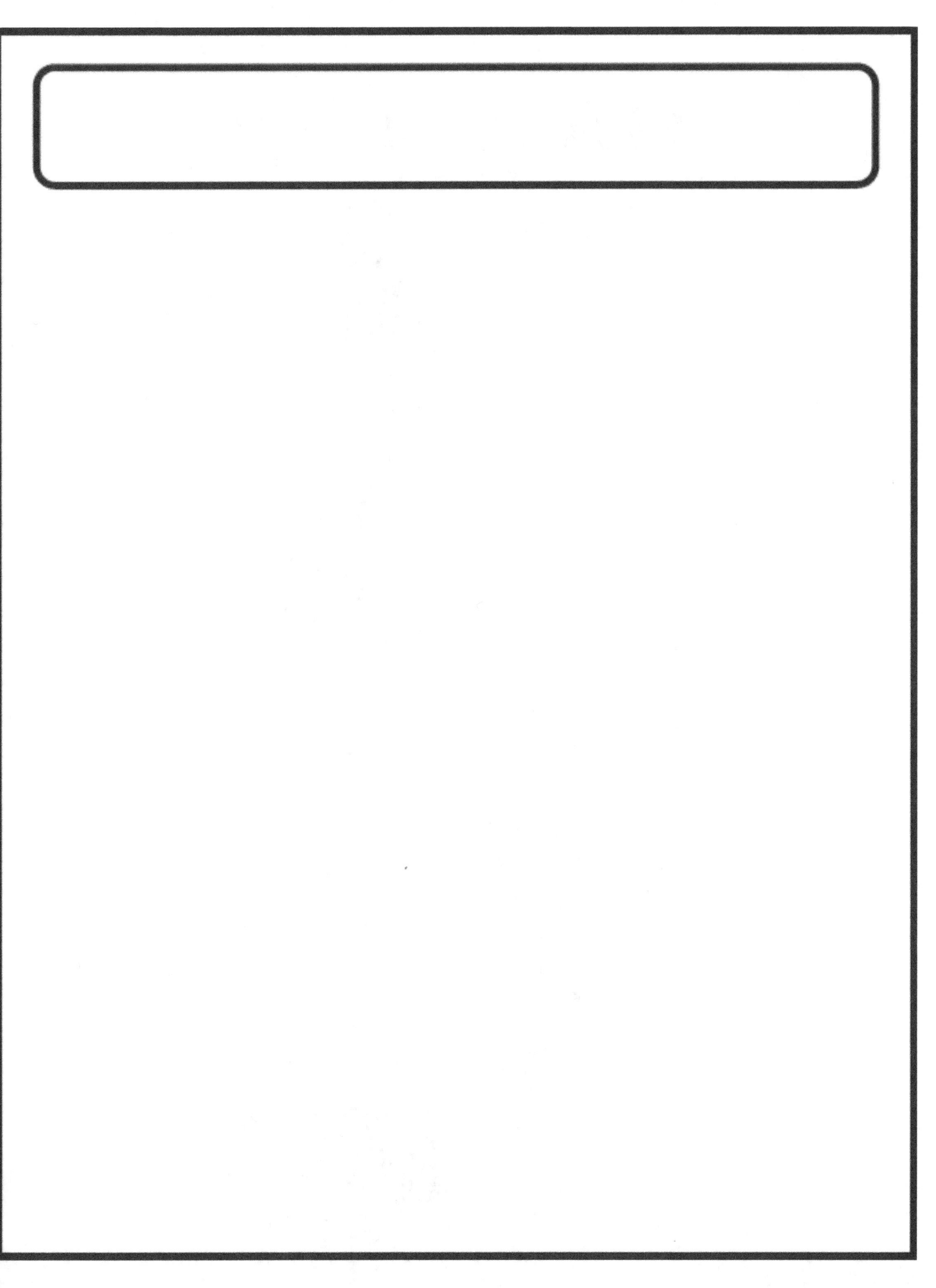

LKW MALBUCH

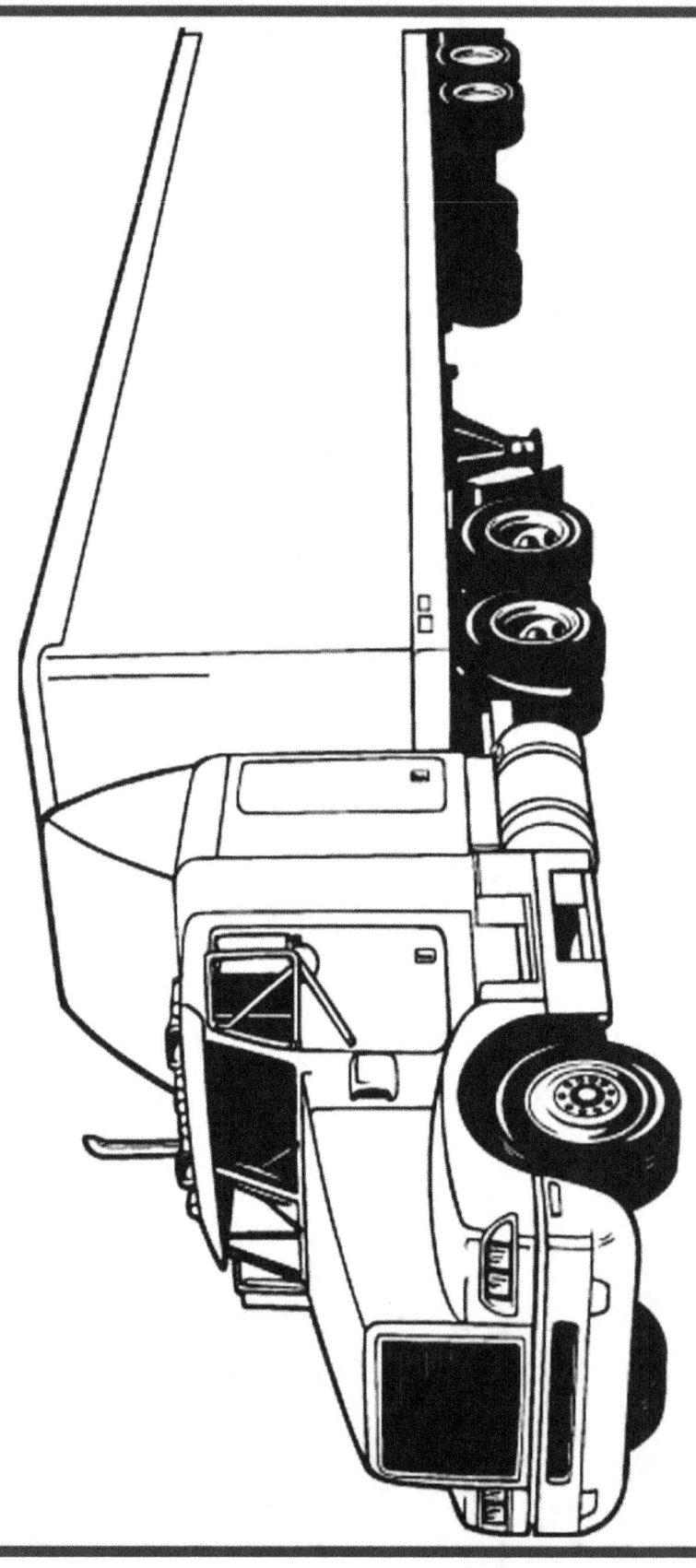

LKW MALBUCH

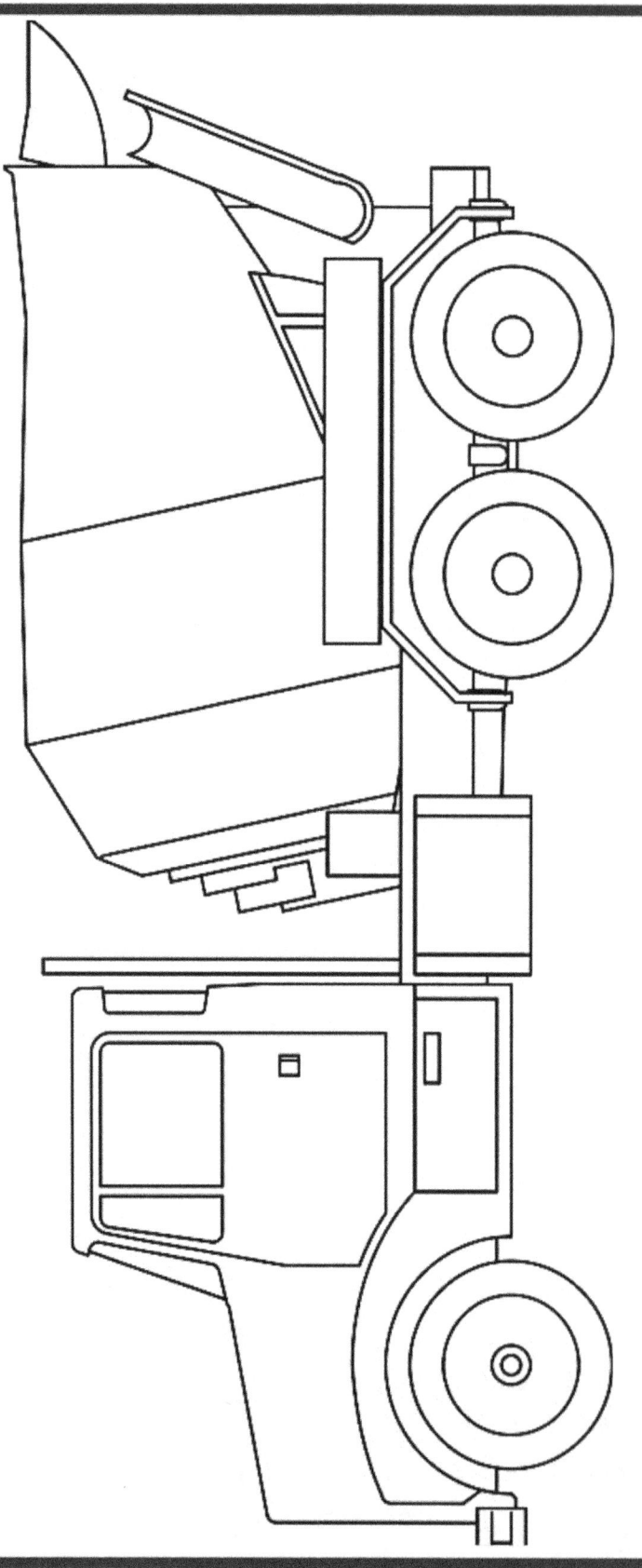

LKW MALBUCH

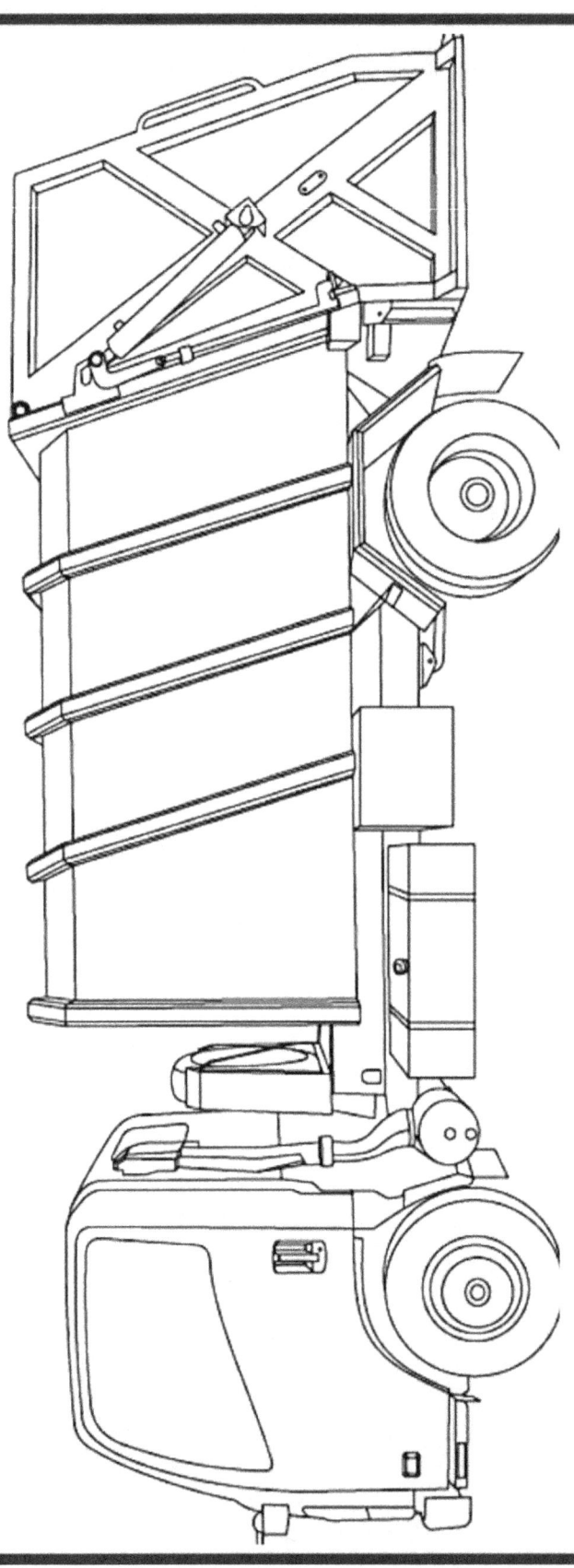

LKW MALBUCH

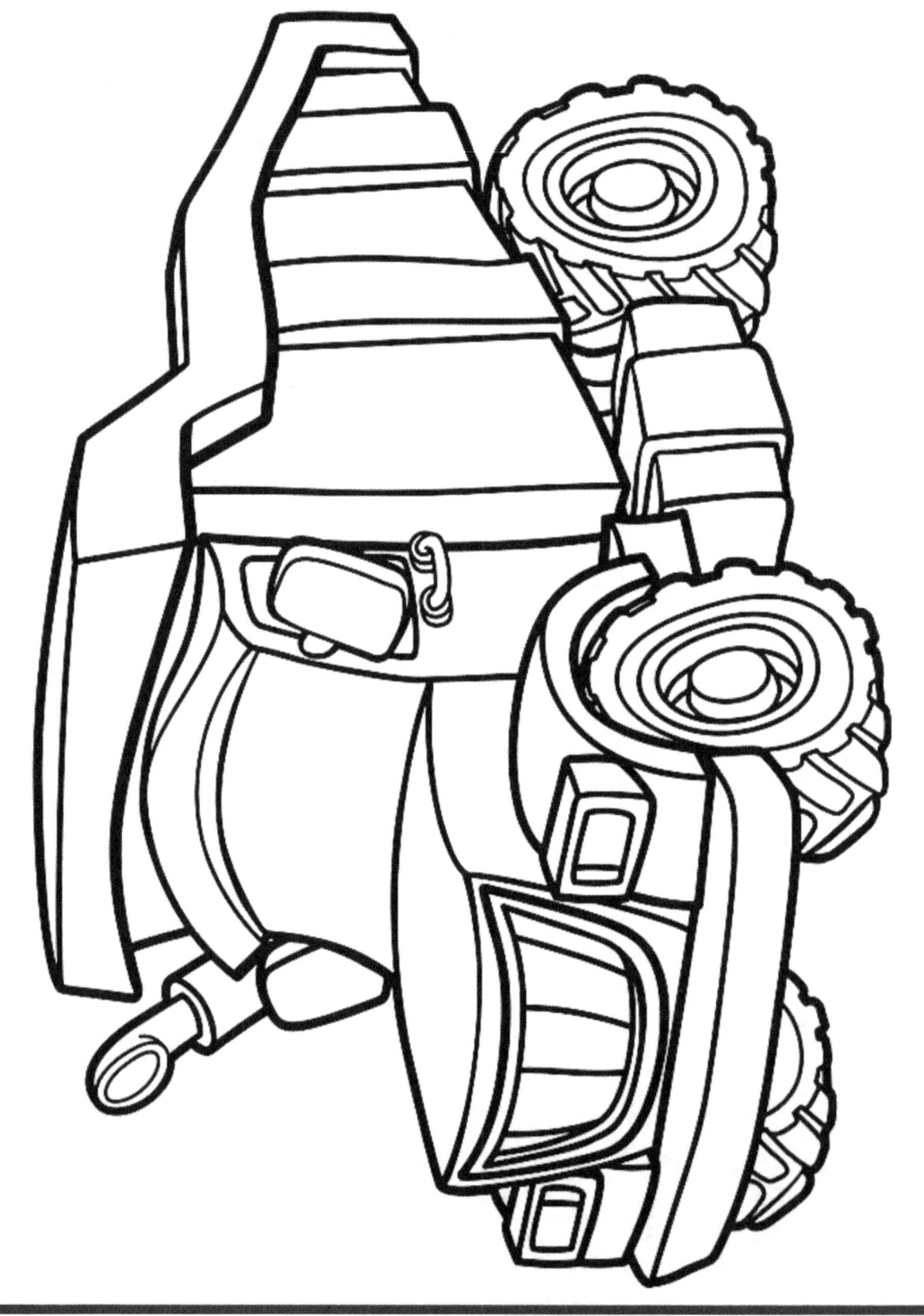

LKW MALBUCH

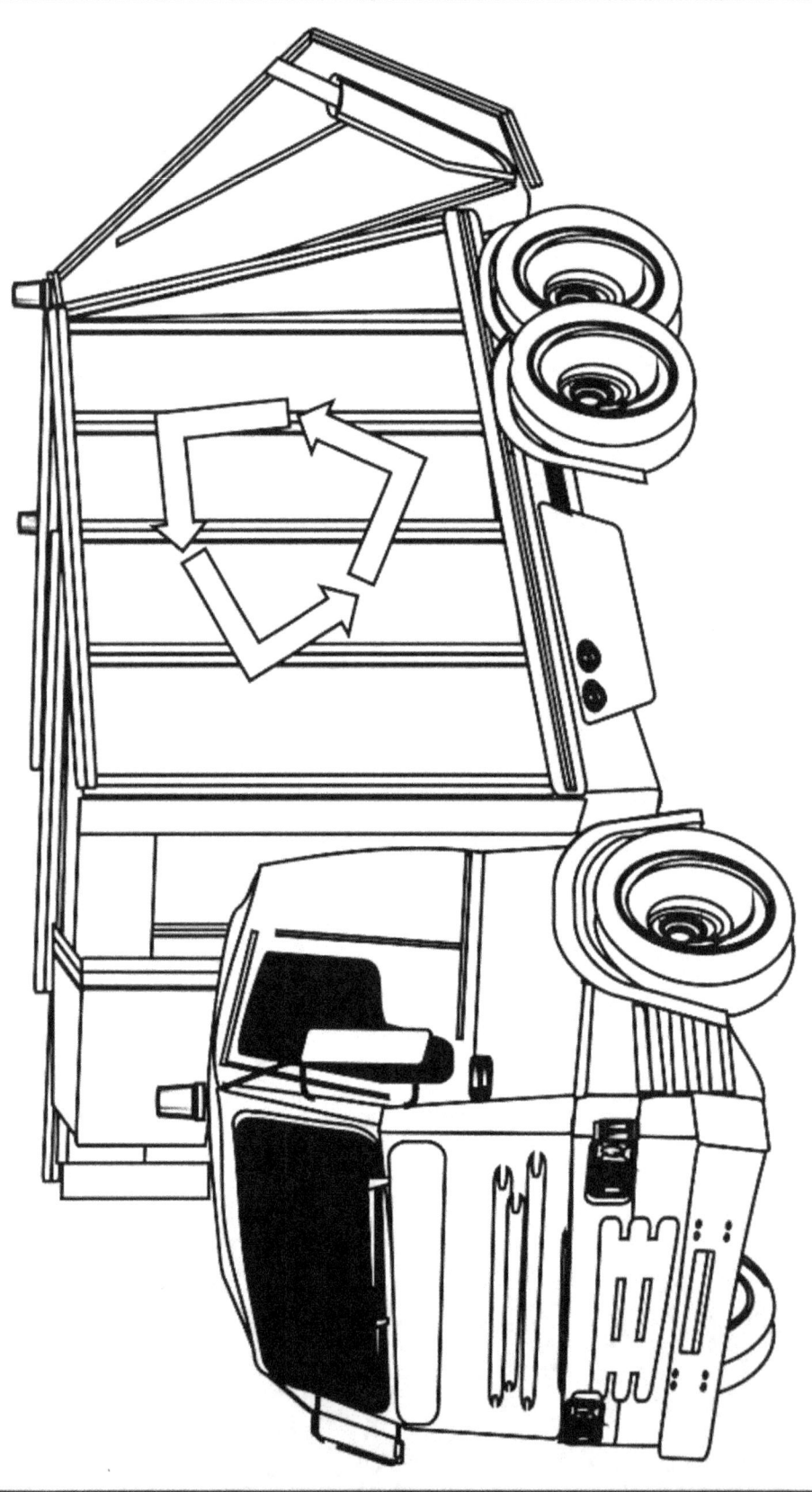

LKW MALBUCH

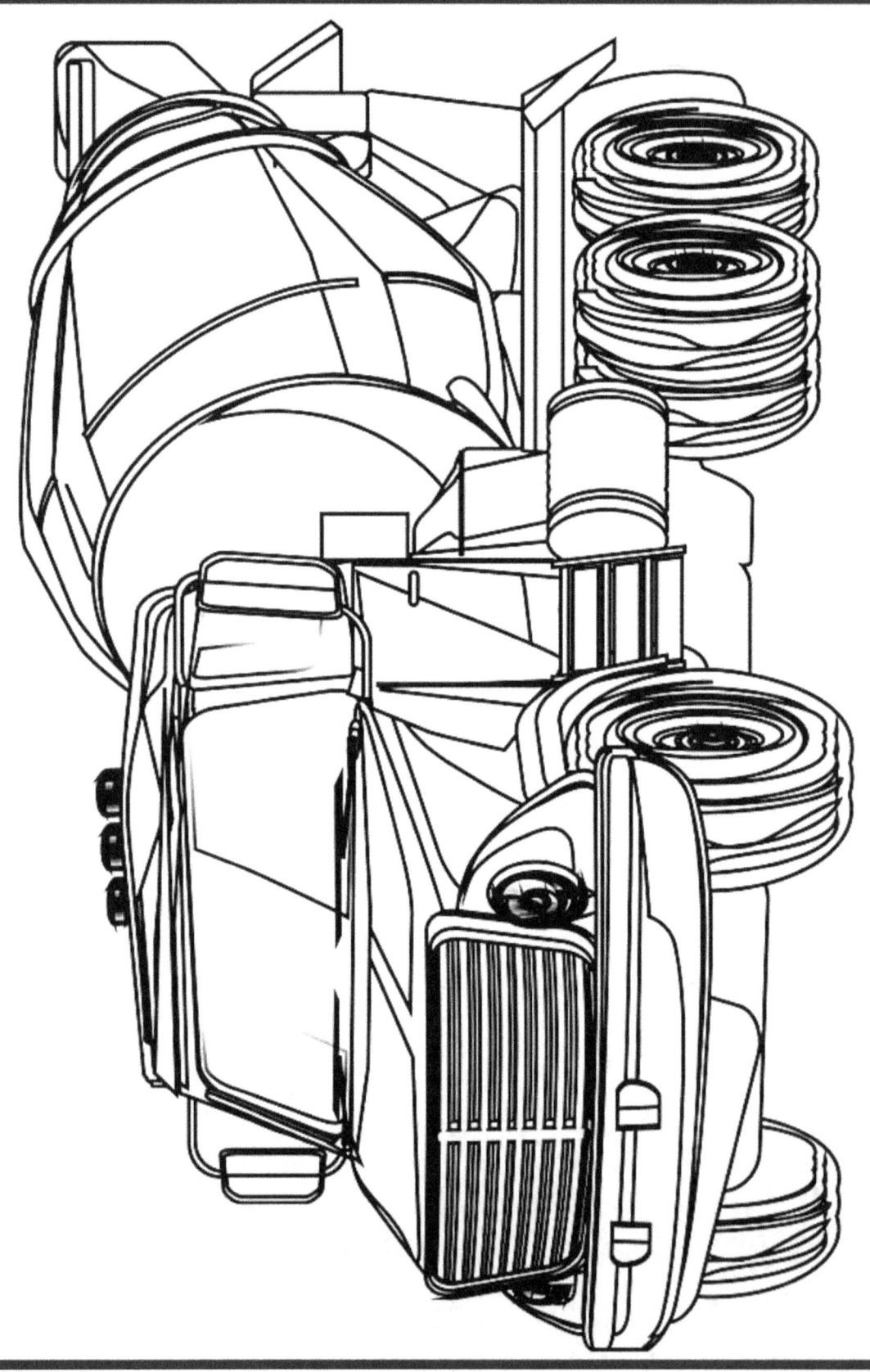

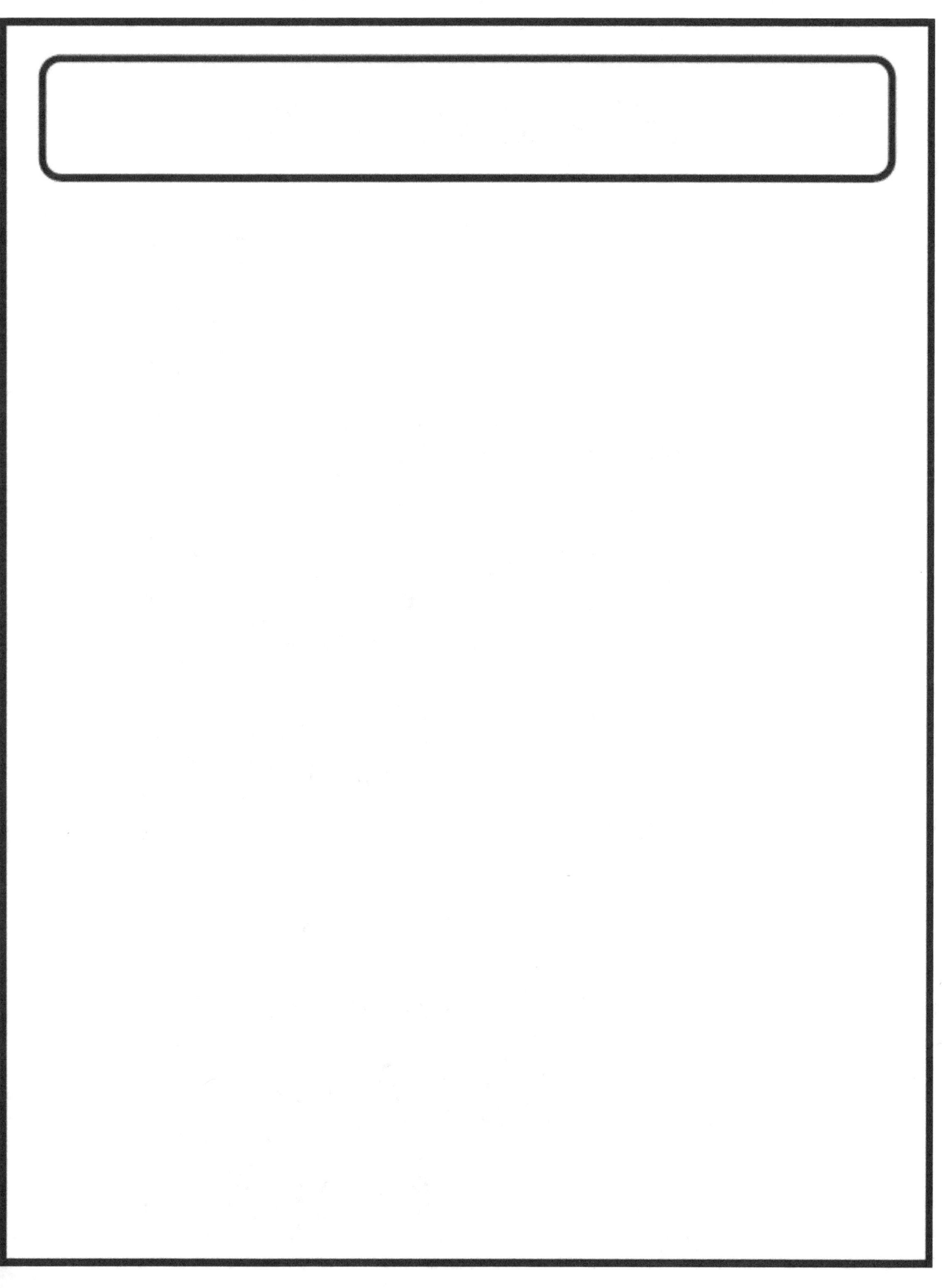

LKW MALBUCH

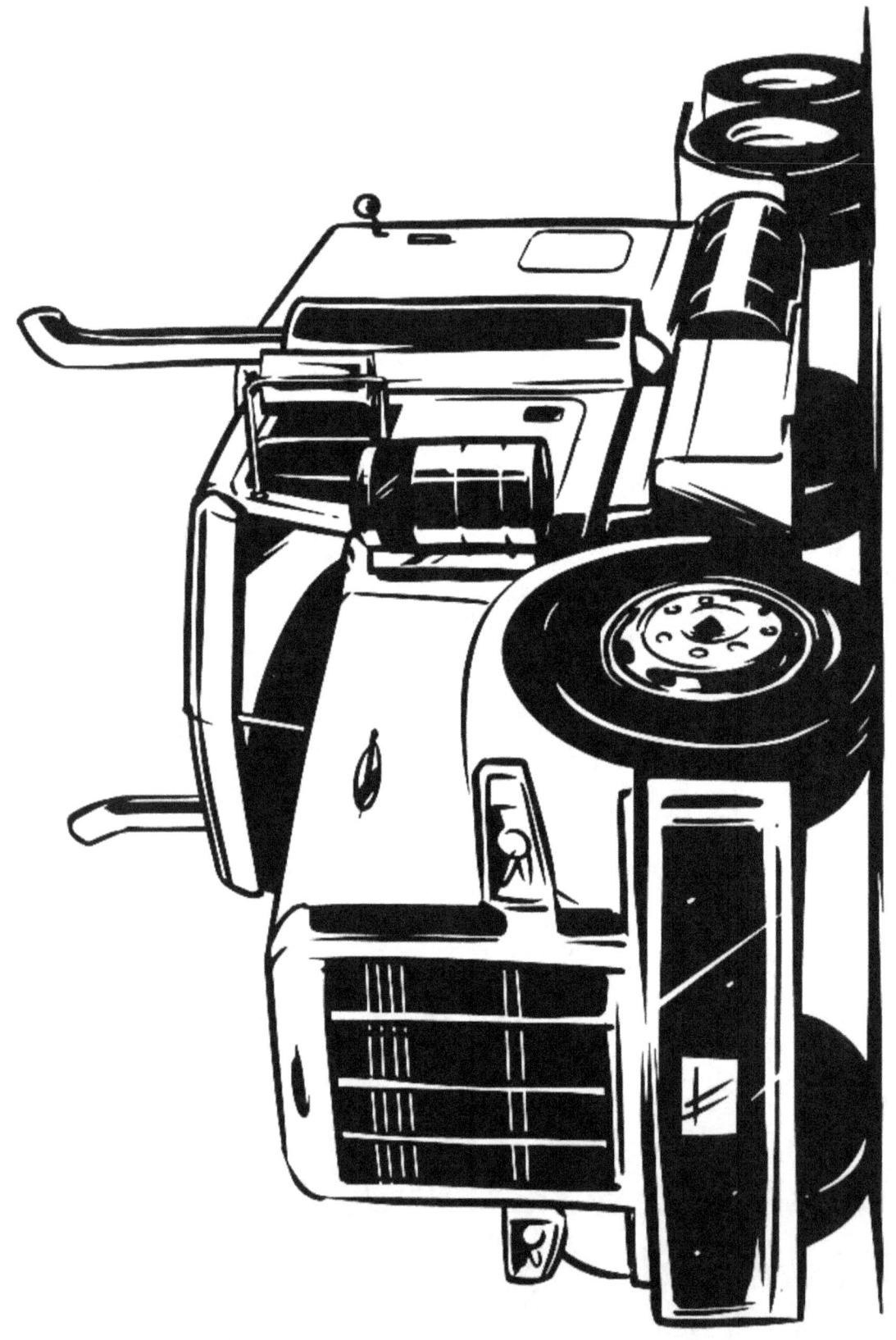

LKW MALBUCH

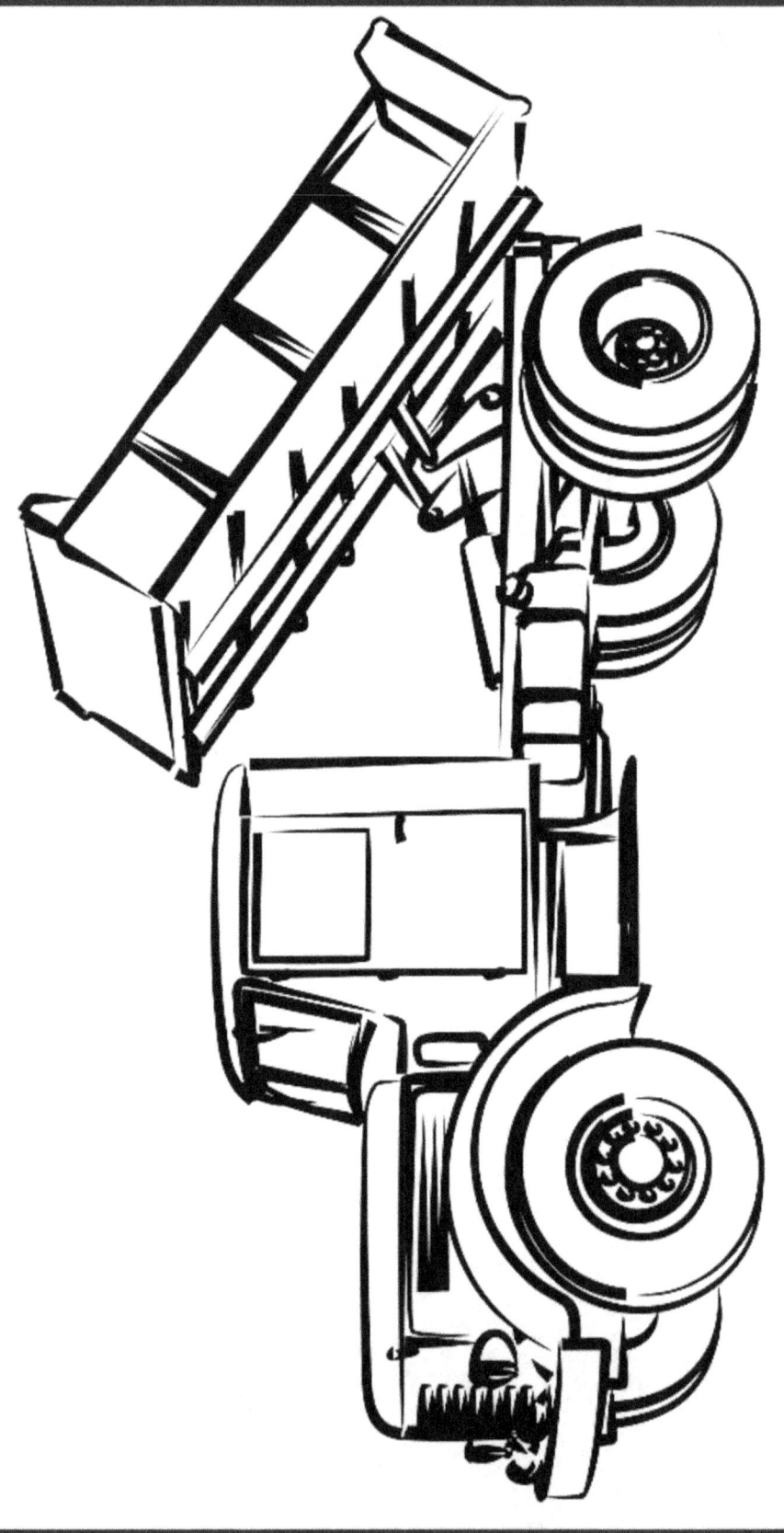

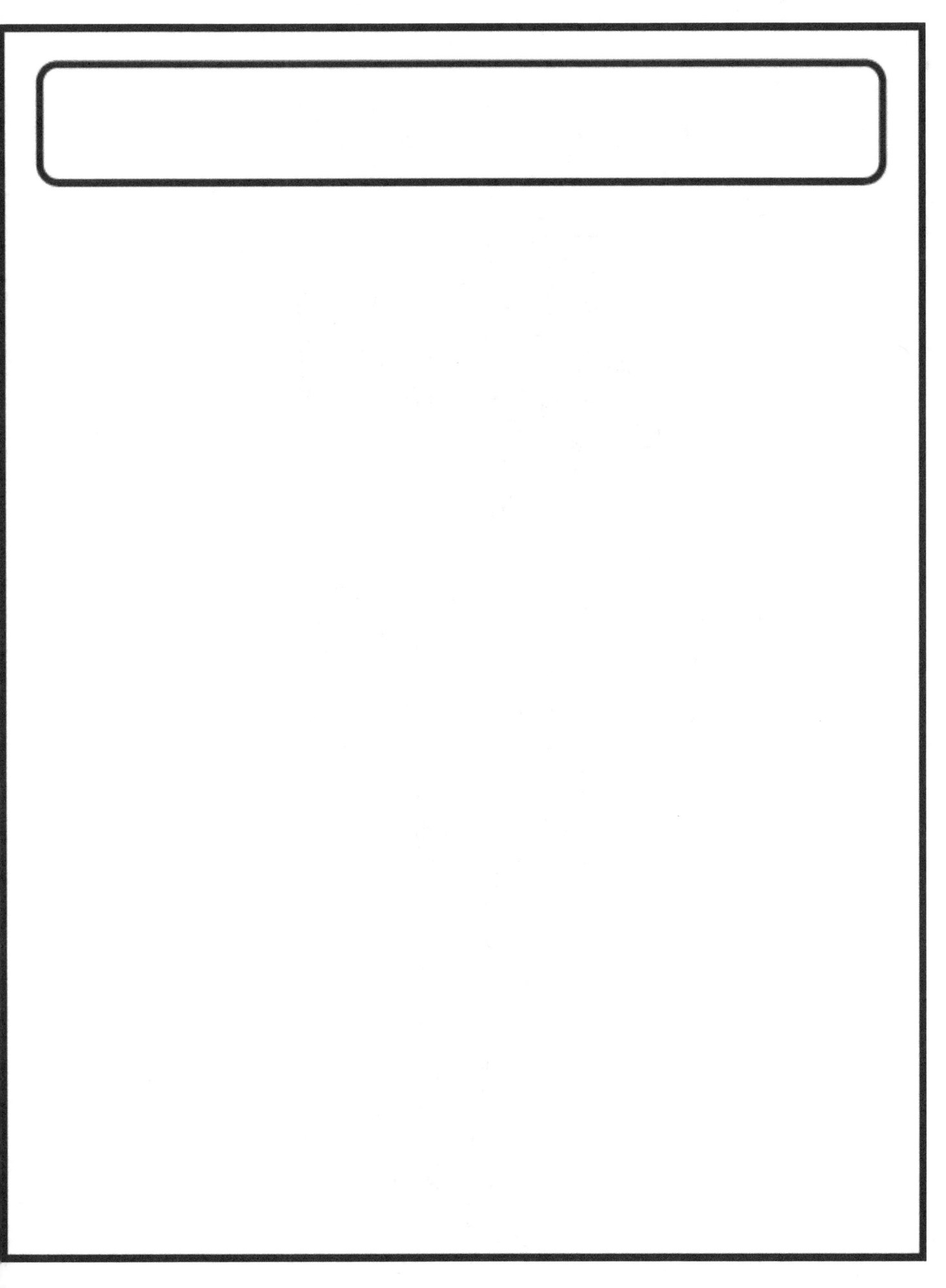

LKW MALBUCH

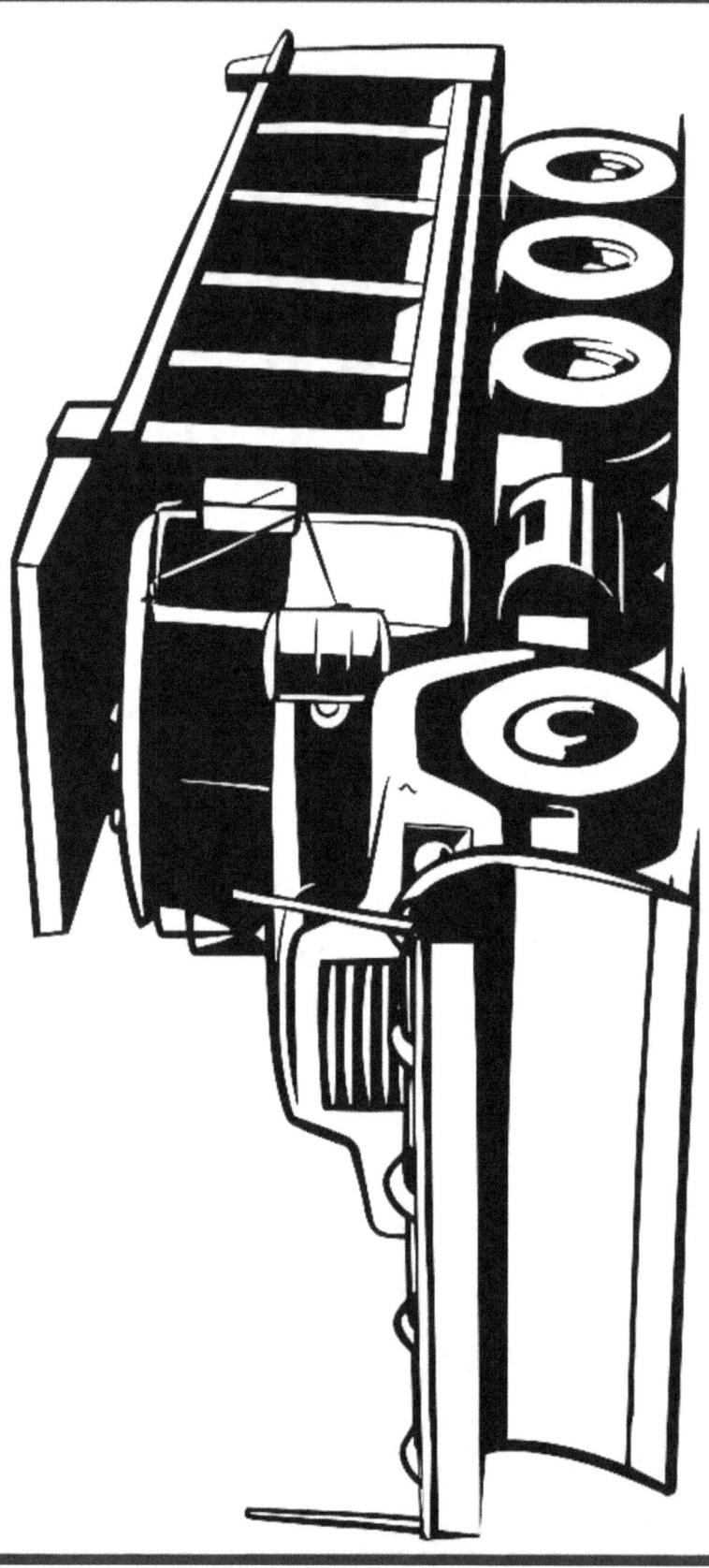

LKW MALBUCH

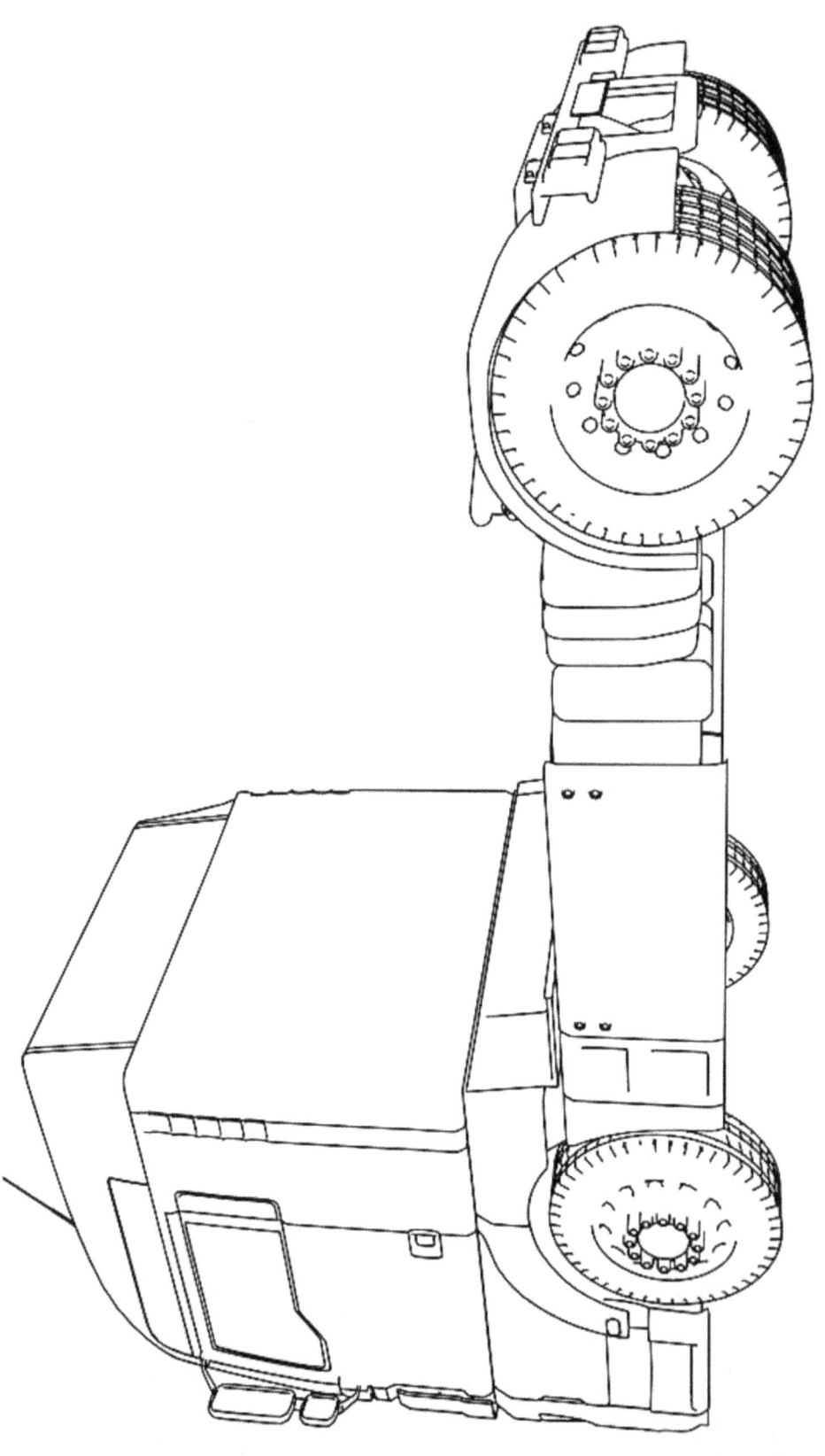

LKW MALBUCH

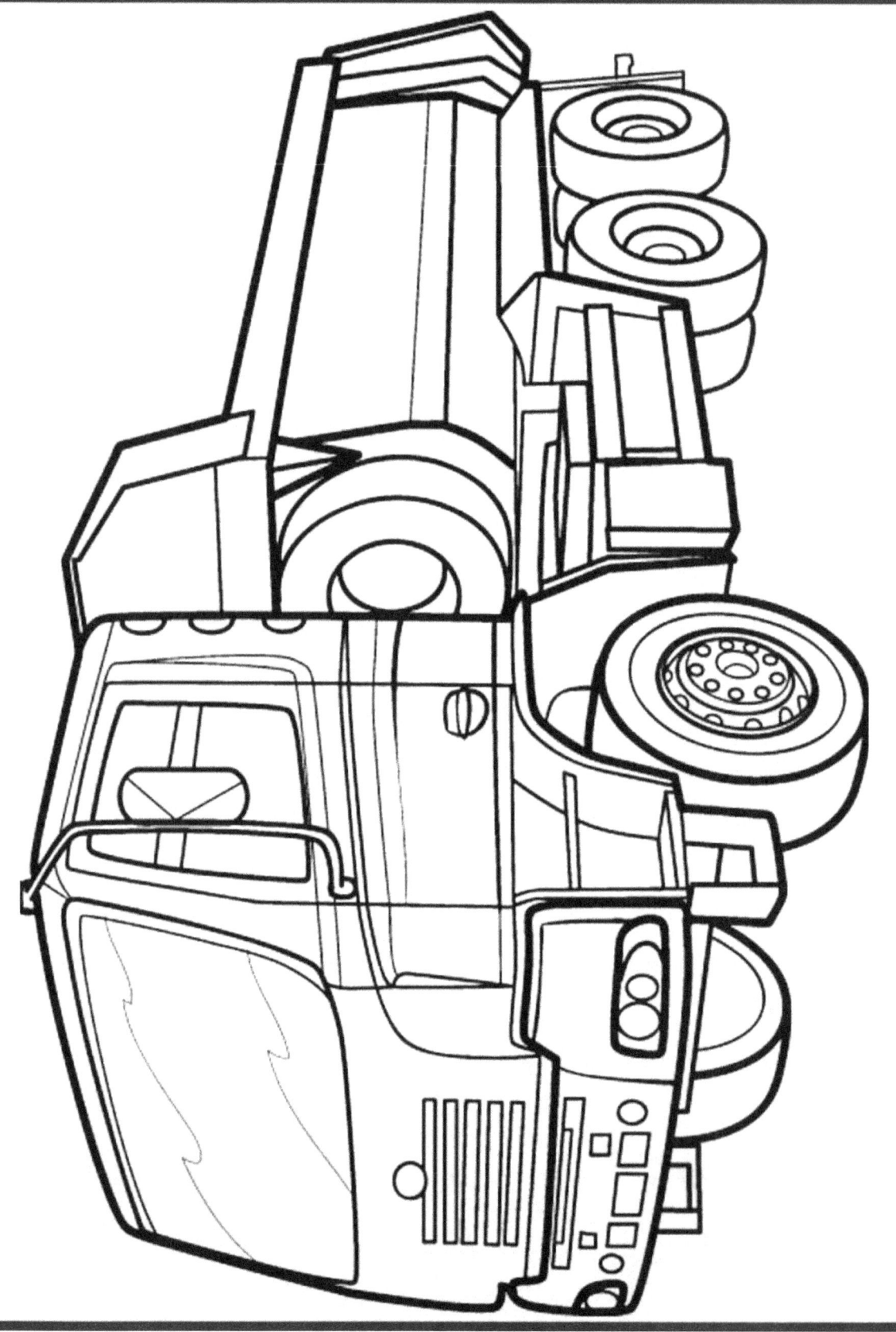

LKW MALBUCH

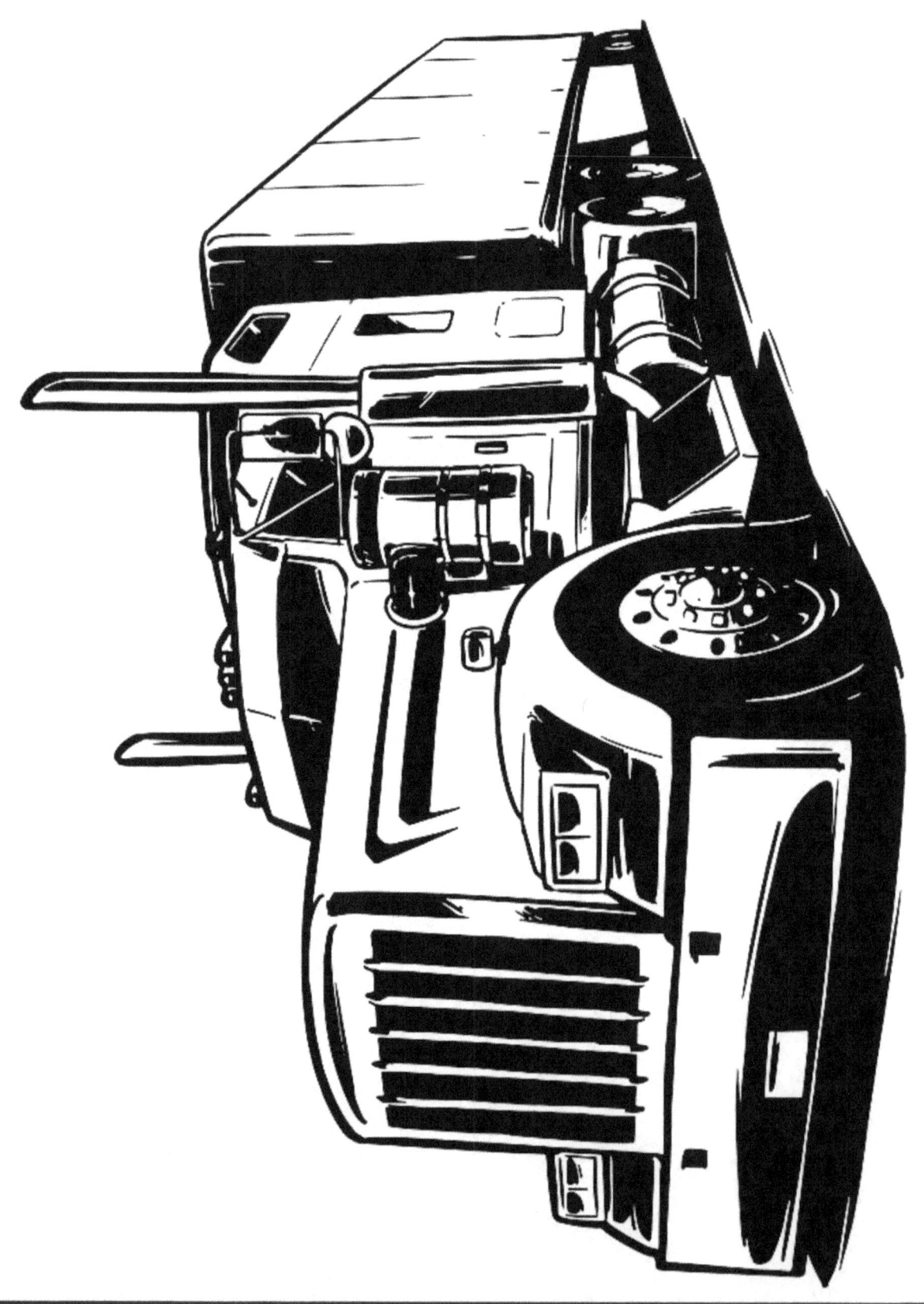

LKW MALBUCH

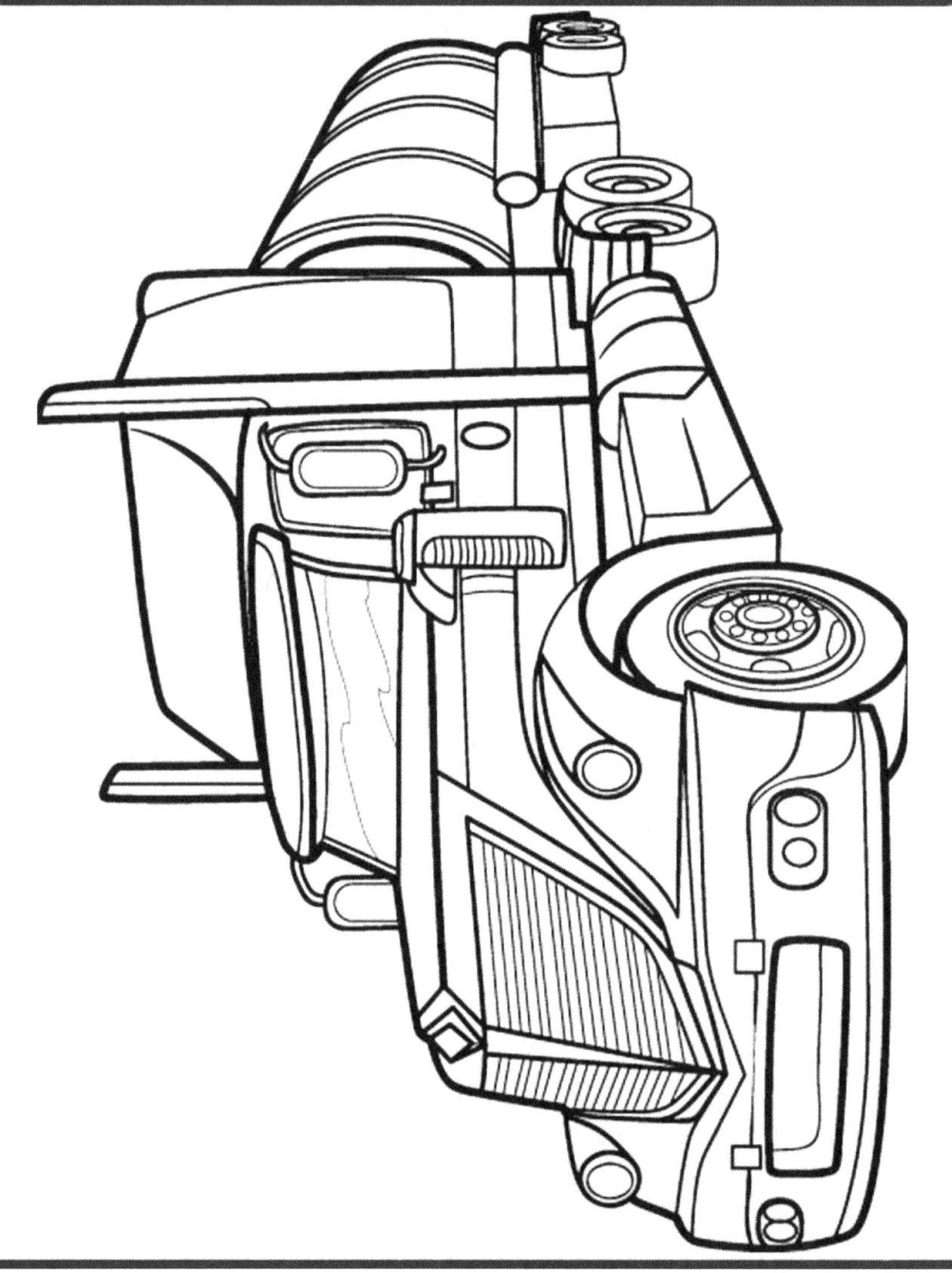

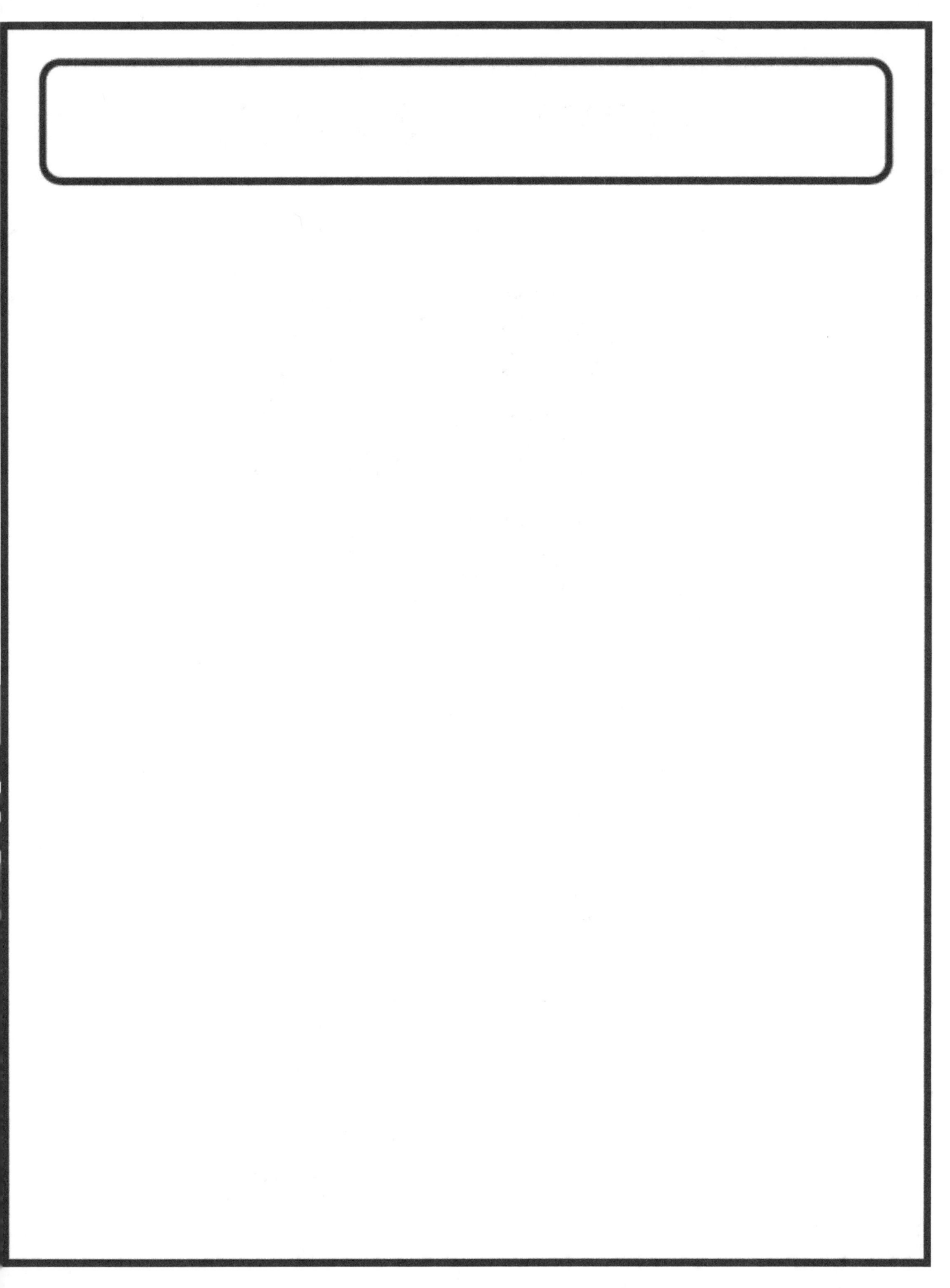

LKW MALBUCH

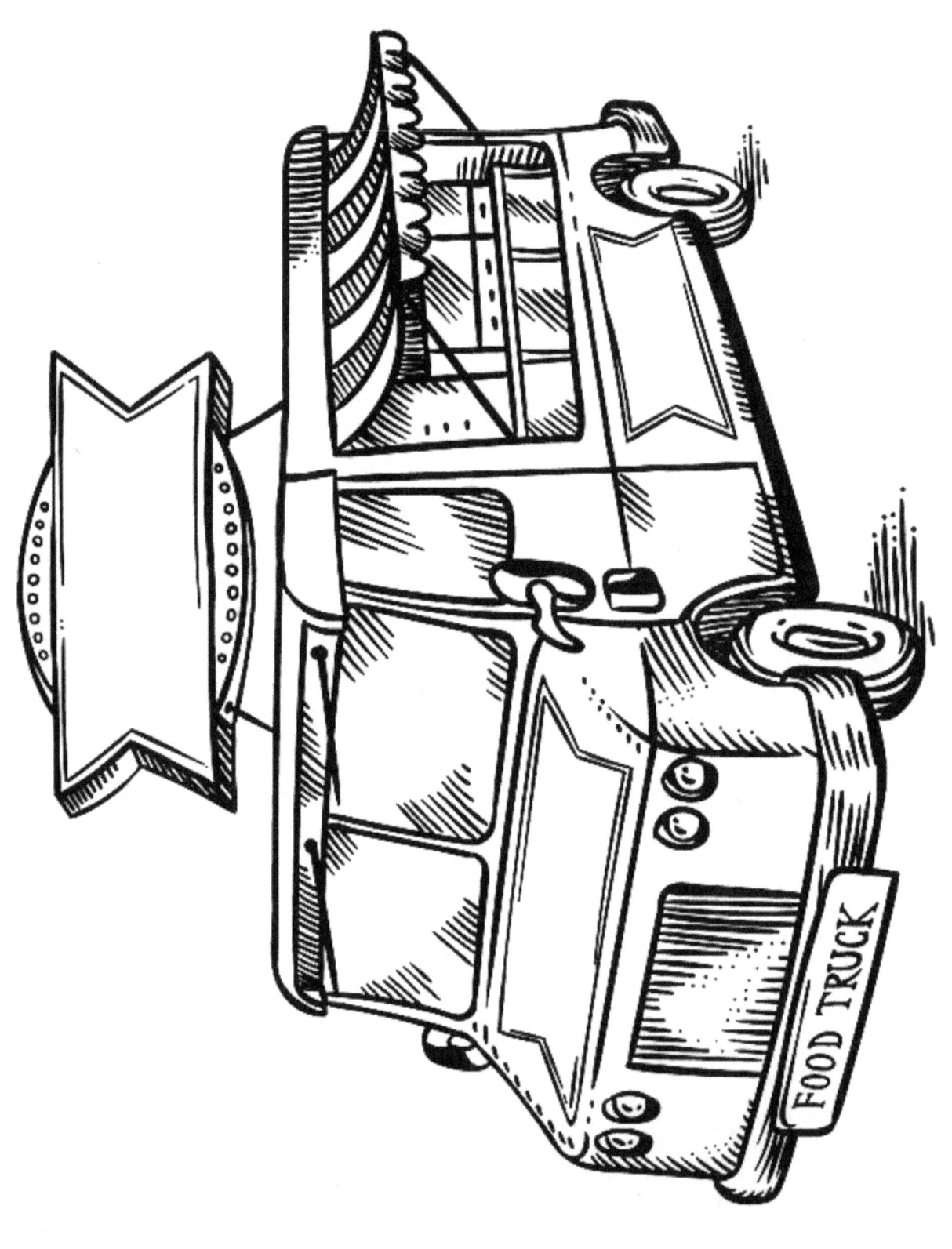

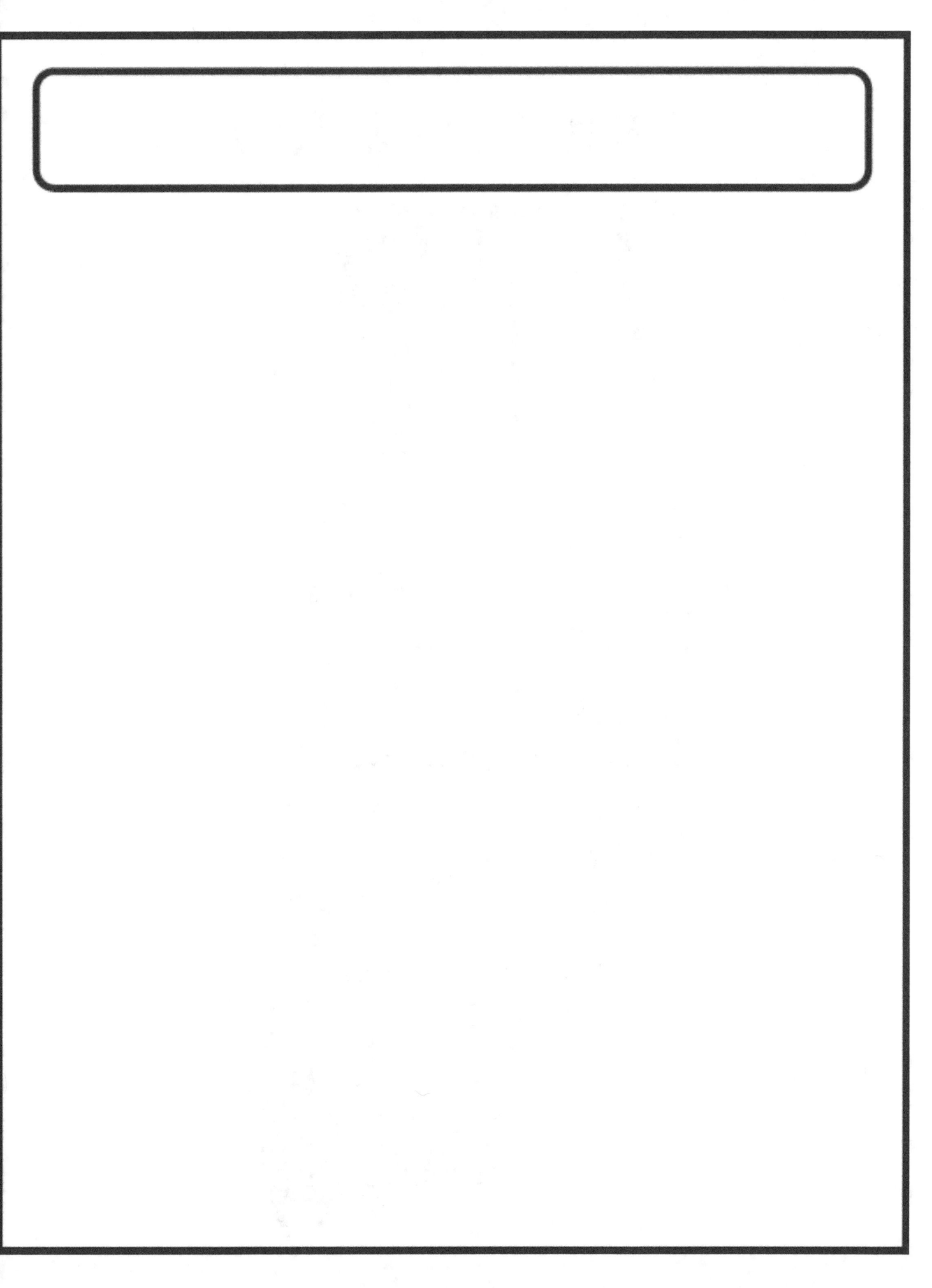

LKW MALBUCH

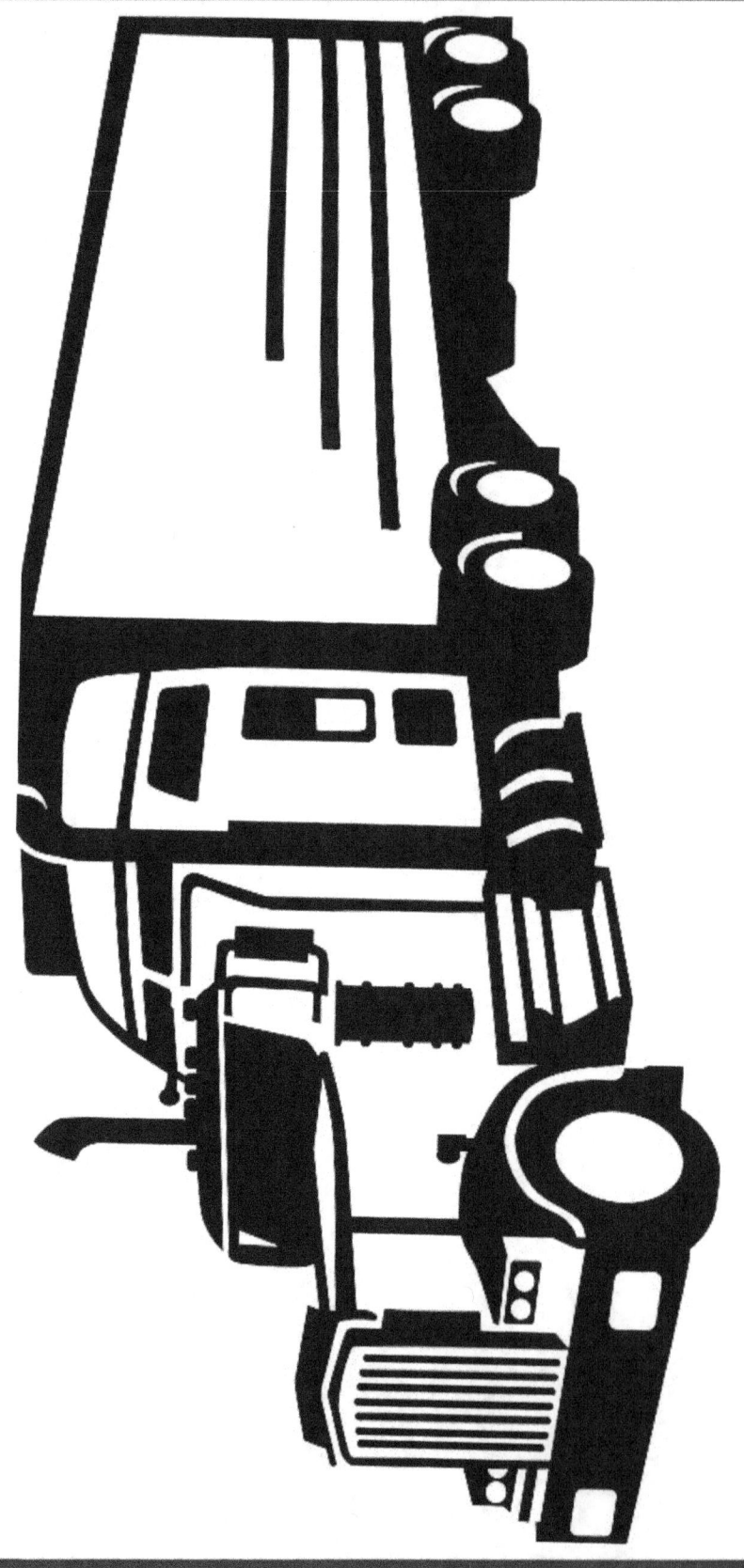

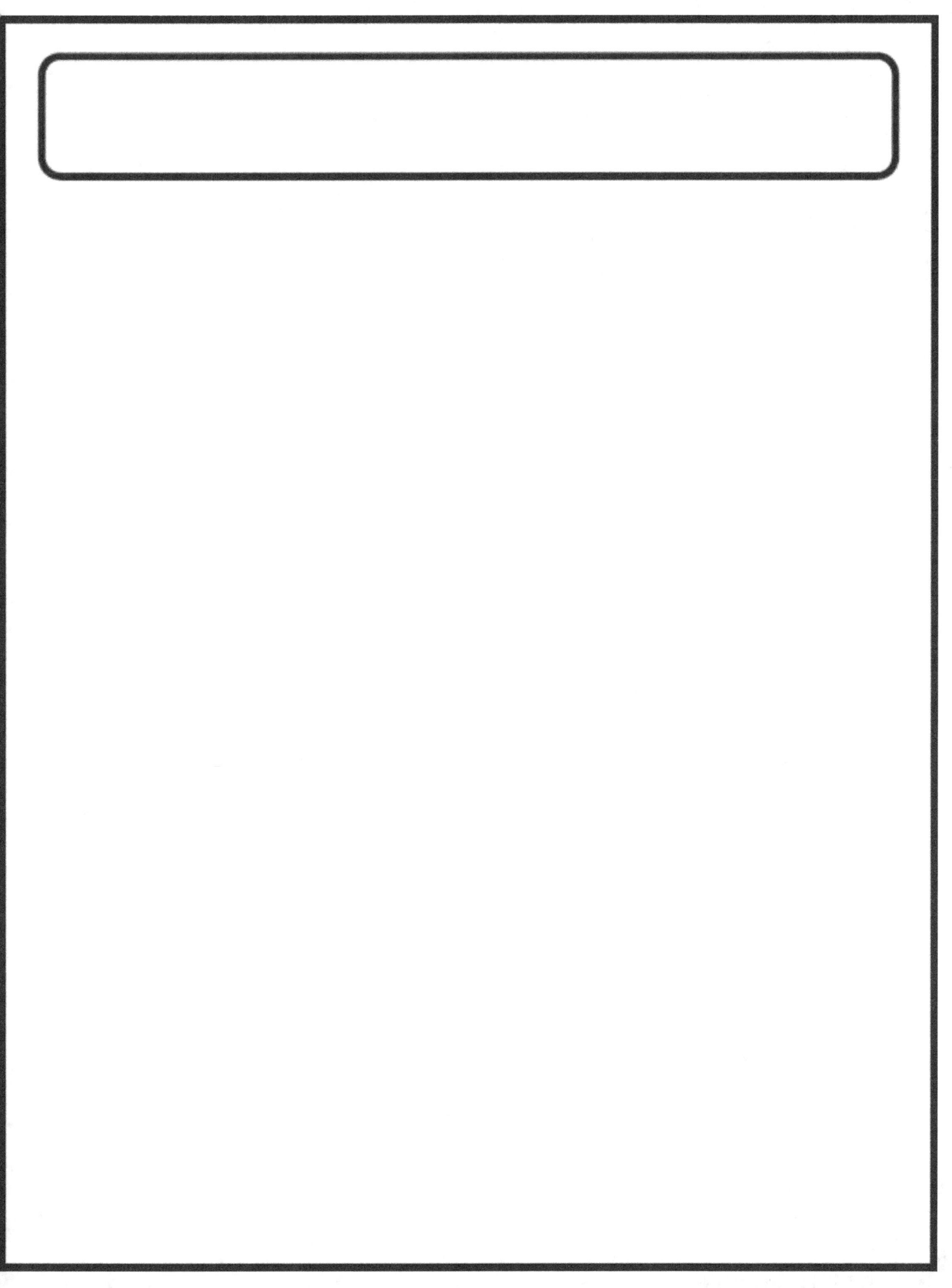